中世ヨーロッパにおける死と生

水田　英実
山代　宏道
中尾　佳行
地村　彰之
四反田　想
原野　　昇

渓水社

まえがき

　広島大学ヨーロッパ中世研究会の発足は1999年の暮に遡る。以来，年毎にテーマを決めて月例会を重ね，シンポジウムや公開講座を開催してきた。メンバーはそれぞれ哲学・史学・文学・語学を専門にしているから，同じテーマでも取り上げ方はみな違う。しかし，今日われわれが住んでいる社会を出発点とし，現代の価値観を相対化するために，比較の対象としての地域と時代をヨーロッパ中世に絞って，考察を進めてきたところは共通である。

　今回は「中世ヨーロッパにおける死と生」というテーマを設定して本書をまとめた。論集としては第6冊になる。中世ヨーロッパの人々の死生観を考察することを通して，あらためてヨーロッパ文化の多元性という問題に行き当たることになった。そこから翻って，現代社会の深層を明らかにすることも可能であろう。

　「死の舞踏」という名前で知られる図像が，ヨーロッパで盛んに描かれるようになるのは，中世後期（14-15世紀頃）以降のことである。14世紀の半ばに，ヨーロッパの人口の1/4ないし1/3が失われるほどの疫病（ペスト）の大流行に見舞われたことがあった。そのために人々が死の恐怖にかられたことが図像の普及につながったと言う。罹患したひとの皮膚が黒くなることから黒死病とも呼ばれたペストは，致死

率が非常に高かったけれども，当時は隔離以外に対処法がなかった。

　貧富貴賤の別なく人々が死に瀕しているのを目の当たりにして，明日知れぬ身を思わなければならなかったことが，「死を想え（メメント・モリ）」——ただし古代ローマでは，生きている間は大いに楽しむべし，の意であった——という標語になったのもこの頃である。この世の生の空しさが，永遠の生への思いをいっそう募らせる。そのような中世キリスト教社会において，死後の救済への切実な願望は，一方で，現世でのさまざまな宗教的実践をもたらすことにもなった。ヨーロッパの中世は病気の治癒やケアのために病院が盛んに寄進されるようになった時代でもあったのである。

　本書では，中世史・中世思想の観点から，山代がイングランドのイースト＝アングリア地方の事例を中心として，施療院，医術，聖人崇拝，治癒奇蹟，修道院と教会が果たした役割と関連づけて，病気治癒，死後における魂の救済のために中世人は何をしたかを考察した。水田はラザロの復活の奇跡に関するトマス・アクィナスの注解において，人間の生死の問題が，個人の生死に限らず，人類の罪と救済，世界と歴史の始めと終わりという神の視点のもとで論じられていることを明らかにした。

　イギリスの中世文学については，チョーサーに取材したものが二つある。中尾は『カンタベリー物語』から「尼僧院長の話」を選び，ユダヤ人に殺されたキリスト教徒の少年の殉教を描き出す表現に着目し，背後の視点があることに注意し

てチョーサーの死生観に迫る。地村は『公爵夫人の書』の中で使われる語とその関連語が作り出す語彙のネットワークを探ることを通して，死から生への再生の過程をチョーサーがどのように考えていたか明らかにする。

ドイツの中世文学については，四反田がトリスタン物語の多様な系譜を追いながら，様々な版に現れた死と生のモティーフ展開，作者による評価，差異の変遷を辿り，その歴史文化的背景を考察する。

フランスの中世文学については，原野が12世紀末に書かれたエリナン・ド・フロワモン『死の詩』における死や死の特性の描写・記述を具体的に分析し，中世末期の死の表現に通じるものであることを指摘して，中世人の死のとらえ方と心性に鋭く迫る。

目　　次

まえがき …………………………………………… 1

中世イングランドにおける生と死
　　― 聖人・治癒・救済 ―
　　　　　　　………… 山代　宏道… 9

『新約聖書』とその注解に描かれた人間の生死
　　― ラザロの復活の奇跡 ―
　　　　　　　………… 水田　英実… 41

「尼僧院長の話」に見るチョーサーの死生観
　　― 〈少年殉教〉と感覚に訴える表現 ―
　　　　　　　………… 中尾　佳行… 69

チョーサーの『公爵夫人の書』における死と生
　　― "herte"（=heart）を通して ―
　　　　　　　………… 地村　彰之… 109

トリスタン物語における死と生
　　　　　　　………… 四反田　想… 141

フランス中世文学にみる死の表現
　　― エリナン・ド・フロワモン
　　　　『死の詩』再読 ―
　　　　　　　………… 原野　　昇… 167

あとがき …………………………………………… 199

Contents …………………………………………… 201

著者紹介 …………………………………………… 202

中世ヨーロッパにおける死と生

中世イングランドにおける生と死
— 聖人・治癒・救済 —

山　代　宏　道

はじめに

　現代人にとってと同様に，中世の人びとにとっても生と死の問題は重大であった。生前における病気の苦痛や死後への不安はどのように克服され，あるいは受容されていたのであろうか。死後における魂の救済はどのように準備されたのか。こうした問題を，中世イングランドのイースト＝アングリア地方の事例を中心に，救済観，聖人崇拝，治癒奇蹟，病院（施療院），医術，そして修道院や教会が果した役割などとの関連で考察する。とりわけ，社会的不安や病気を癒す働きをなしたものとしては，聖人や治癒奇蹟，修道士や医者たちの役割が注目される。

1　キリスト教的死生観

（1）生と死

　中世人にとっての生死を考察する場合，肉体的側面と霊的側面から問題にすることができるであろう。すなわち，それ

は，人びとが肉体的死と永遠の生命をどのように受け入れていたのか，あるいは，人びとが死後の世界をイメージした来世観はどのようなものであったのかを問うことである。

中世では，聖職者以外の人びとが生死を考える機会がどれほどあったのであろうか。修道士であれば，修道院で日々考えていたはずである。一般の俗人が生死を考えたのは，みずから病気になったり，近親者の死に直面したり，あるいは，教会における司祭の説教によってであろう。

それでは，中世ヨーロッパのキリスト教徒は，どれほど明確に生死を区別していたのであろうか。H.W. ゲッツは，「中世初期の思想で＜教会＞と＜俗世＞が入り混じったように，現世と来世も混ぜ合わされた」と述べている。キリスト教徒は，キリストの復活を思うなかで，自分たち人間の原罪の結果としての肉体的死と死後の永遠の霊的生とを考えたのではないか。そうした状況では，生と死の区別は限り無く曖昧になったかもしれない。

(2) 救済願望

中世ヨーロッパにおいてキリスト教の布教活動が一段落するとともに，つぎにはキリスト教の深化や教義の浸透が意図されていった。司牧活動の徹底化であり，12世紀の「使徒的生活」の実践も，そうした運動の一形態であったといえよう。それはまた，小教区教会組織の整備をともなうものでもあった。こうして，信者たちは，キリスト教においては何を救いとみなし，救済とはどのような状態であるのかを聖職者

たちによって説明されることで，しだいにそれを望むようになっていった。すなわち，救済願望はつくられていったと言えるのではないか。このようにして，キリスト教徒たちは，かれらの死後について魂の救済や天国を重大視するようになる。

　中世の歴史叙述の中でのイメージとしては，地獄の苦しみの描写が多く，天国のイメージは少ないようである。天国は，かえって描きにくく，神とともにあるという表現で十分であった。信者たちに対しては，視覚的に訴えることも行われた。馬杉宗夫氏は，11・12世紀の教会堂の扉口が象徴的に「天国の門」と考えられたのであり，また，左側よりも右側に重大な人物が置かれ，扉口上方の半円タンパンの彫刻でもそこに彫刻されたキリストの側から見て右側が天国，左側が地獄を表していたと説明している。

　教会の教えは，信者たちに，神への祈りによる「来世での新たな生」に向けての希望をもたせるものであった。すなわち，人びとは魂の救済を目指すようになっていった。それを確実にするためには，人びとはキリスト教的生活規範に従うことが要請された。同時代の亡霊譚は死者の警告を紹介しており，そこでは善悪両方のモデルが提供されている。また，社会的には，教訓としての往生術が流布していった。11・12世紀ヨーロッパは騎士の時代となり，そこでは戦いや殺りく，社会的不安が増大していった。そのことは同時に，人びとが巡礼を行い，修道院を建設し，祈りなど悔悛行為に熱心であることを求めていくことを意味した。同時代はまた，商人が

活躍するようになった時代である。キリスト教では，従来，かれらが富をもったままで死亡すると，天国へ行くのは困難であるとみなされていたが，煉獄が考え出されるとともに，死者の魂の救済を願って善行が奨励された。また，幼児洗礼が強調され，洗礼を受けずに非キリスト教徒として死ぬことの恐怖が説かれていったのである。

2 聖人と治癒奇蹟

(1) 聖人と救済

　11・12世紀ヨーロッパの教会改革運動の中で注目されるのが典礼改革であるが，それは聖人崇拝と結びついており，聖人たちを地方的聖人と普遍的聖人とに区別することになった。典礼改革はローマ教皇による列聖化手続きの整備・独占の意志を反映したものであった。

　しかし，普遍的聖人の普及にもかかわらず，中世イングランドにおいて民衆的信仰としての地方的聖人崇拝は，依然として大きな影響力をもっていた。

　病人を治癒する奇蹟は，それをもたらす聖人・聖所・聖遺物の力を証明するものであった。聖ウルフスタン，聖アンセルム，聖トーマス＝ベケットなどの聖人が有名である。聖所では洗礼やミサを思わせる儀式が執り行なわれたが，その際，中世医学史の専門家 C. ロークリフ（Rawcliffe）が指摘するように，皮膚病患者が，多く人が集まる聖所に容易に入場できたことは注目に値する。そこでは聖なる力が機能しており感染する恐れはないと考えられたからであろう。聖性の

証明としてのレパー（ライ病人，ハンセン病患者）を治癒する奇蹟は，ノリッジの聖ウィリアムや他の聖人崇拝のための強力な宣伝手段となった。他の聖人たちとしては，ヨークの聖ウィリアム，聖カスバート，フィンチェイルの聖ゴドリック（St Goderic of Finchale），聖ウルフスタンたちがいる。

　イースト＝アングリアの地方的聖人としてはノリッジの聖ウィリアムが有名であるが，かれの聖人伝はノリッジ司教座付属修道院の修道士による創作であった。クローランド修道院ではアングロ＝サクソンの有力者で処刑されたワルセオフが崇拝されていく。また，ベリー＝セント＝エドムンド修道院では殉教王エドムンドが地方的聖人として祀られていたが，歴代のイングランド王たちのパトロネジを受けるなかで，やがて全イングランド的聖人となっていく。他方，普遍的聖人崇拝がどこまで浸透したのかは興味深い問題である。たとえば，ウォルシンガム修道院の聖母マリア崇拝は多くの巡礼者たちを集めるようになった。

　さらに，修道院や教会によって作成された奇蹟録の中には，分類すると地方的聖人と普遍的聖人とどちらが多いのかという問題も重要であろう。奇蹟録は，基本的に地方的聖人の奇蹟についてまとめられたものが多かったと考えられるが，教会改革運動を通じて普遍的基準が浸透していくとともに，しだいに普遍的聖人による奇蹟事例が多くなったのではないか。

　病気の治癒奇蹟に関しては，そこにおいて聖人の働き（執り成し）がどのように機能していたのかを問題にすることが

できる。聖人伝に見られる奇蹟は、生前奇蹟と死後奇蹟とに区別できるが、すべての聖人が両方の奇蹟を引き起こしているわけではない。聖人や聖遺物の効能があり、病気の治癒奇蹟が見られると、一般の人びとは、その奇蹟を聖人の働きであるとみなしがちであった。しかし、教会としては、そうした奇蹟を通じて、聖人からマリア、聖霊、キリスト、神へと、信者たちの信仰や教義理解を導きたかったはずである。

病気の治癒奇蹟としては、神や聖人への祈りのなかで、病人がエクスタシーを体験し、苦しみや痛みを一時的にでも忘れることができた事例もあったであろう。また、教会堂の内部にも、天国のような、恍惚感を引き起こすような空間的装置があった。感覚的にも、目（光や絵、彫刻）、耳（祈りの音楽）、鼻（香り）、口（祈りの歌）、手（聖遺物や彫像への接触）を満足させていた。

(2) 女性と救済

11・12世紀ヨーロッパで注目される現象のひとつが聖母マリア信仰の拡大である。マリア崇拝や聖母子信仰が流行したのはなぜだったのであろうか。馬杉氏は、聖母崇拝、特に古代ケルトの地母神信仰に起源をもつケルト的キリスト教の聖母崇拝が、12世紀初め以来、ノルマンディーやブルターニュ地方から北フランスへと伝播していったことを指摘している。

「12世紀ルネサンス」という名称をあてはめることができるこの時代は、イスラム教との接触が見られた時期でも

あった。そこでは宮廷愛の萌芽的形態が現われるようになった。また，聖母子像に代表される人間らしさも強調された。聖母マリア信仰は，人間の原罪に責任あるものとされたイヴ以来，自分たちのための救済観をもつことが困難であった女性たちが，自分たちの救済観をもてるようになったことを意味するのであろう。それは，すべての人類を救済するキリストをこの世にもたらした聖母マリアの役割を強調する神学が広まることと結びついていた。また，ロークリフが言うように，病人を世話すること，特にレパーへの献身という点でも女が男にまさっていると考えられた。

神が人間の姿をとって現れたとする受肉信仰は，聖なる女性たちにとって重要であった。ロークリフの表現を借りると，人間を救済するために犠牲となったキリストの壊された身体は，レパーの崩れゆく肉体と同一視された。こうして，レパーの世話は，まさに神への奉仕と同等視されたのである。信仰心のある女性たちにとって，この受肉にともなうキリストの苦悩を受け入れるための手がかりは，真に苦しんでいるレパーたちを世話することのうちにあった。

トーマス＝オヴ＝モンマス（Thomas of Monmouth）による 1144 年ノリッジの聖ウィリアム殉教伝は，ノリッジ司教ハーバート＝ロシンガがスプローストン（Sprowston）に建てたレパーハウス（ライ病院）の収容者たちが，Lady Legarda と共に，天空に燃える明りを見たとの奇蹟を伝えている。病院における病人たちを世話するために，かの女たちは住み込みの重労働に耐えていた。そうした聖なる女性たちによる執

り成しのための祈祷が効能あるものとして求められていく。また，かの女たちが示した謙遜（卑下）と貧困は「使徒的生活」の重要な内容をなすものでもあった。

　司牧活動の徹底とキリスト教教義の深化によって促進された救済願望は，人間キリストへの関心を引き起こし聖母マリアへの信仰を広めていった。馬杉氏は，1000年頃から，「神の子の人間性をその中心にする宗教」（G. デュビイ）が盛んになったと指摘している。同時期の十字軍士たちは，実際にキリストの具体的な墓を拝むことができた。こうして，マリア崇拝は，神への仲介者，すなわち神に執り成してくれる新しい救済者像として，多くのキリスト教徒たちにとってより親しみやすいものになっていった。

　そこには同時代の「裁きの神」から「救いの神」への変化を見ることができるかもしれない。フランスの中世史家ル＝ゴフは，この時期の変化を，キリスト教の「女性化」（feminization）あるいは「悲哀化」（dolorization）と呼んでいる。それは，聖母マリア崇拝の異常な高まりとキリスト崇拝の新たな強調をともなっていた。その場合のキリストは，死を克服したキリストではなく，あくまで苦しみのキリスト，すなわち受難そして十字架のキリストであったことを忘れてはならない。

　11・12世紀の修道院や教会は，聖人やマリアの執り成しによる奇蹟によって，病気治癒や不安の解消がもたらされるのを信者たちが期待することを容認していたようである。

3 救済のための善行

　中世ヨーロッパのキリスト教社会において，死後の救済を願いつつ人びとは生前に善行を積むことに励んだ。11・12世紀に出現したいろいろの形態の宗教的実践も，また，往生術と呼べるガイドが作成されたのもそのためであった。

（1）レパーの重大性

　善行のうち顕著なものが寄進であった。たとえば，ノリッジにおける病院建設もそうした寄進の一形態とみなすことができる。イギリスの中世教会史家C. ハーパー＝ビル（Harper-Bill）は，1215年までに，イースト＝アングリア（ノーフォークとサフォーク）で，少なくとも30の病院が存在したと指摘している。D. ノウルズ（Knowles）たちは，中世ノリッジにおける17の病院についてデータを提供しているが，そのうちレパーハウスが，少なくとも5つあった。

　このように建設された病院のうち，注目されるのがレプロサリウム（レパーハウス）と呼ばれたレパーたちのための病院である。イングランドでは，11世紀末から1539年の間に320以上のレパー病院が建設されたようである。ロークリフは，中世イングランドで建設された病院の 1/4 から 1/5 がレパー病院であったとみなしている。その割合は，スコットランドでは 1/5，そしてアイルランドでは 3/5 と相違していたようである。

　N. オルム（Orme）たちは，12世紀の病院の拡散に注目している。68の新病院が，1080〜1150年の間に出現し，約半

数がレパーハウスであった。25 が修道院と結びついていた。E.J. キーリー (Kealey) は, 1100〜54 年の間, 年平均 2 つの病院が建設されたとみなし, 建設者として, 王族・聖職者・諸侯・市民たちの 4 パトロン・グループに注目している。

ところで, いろいろの病気の中で, なぜレプロシー (レプラ lepra, ライ病, ハンセン病) が重視されたのであろうか。一言でいえば, それが最も重大であったからであろう。まず, レパーたちは, イースト＝アングリアにおいても多数いた。ノリッジでは, ノルマン期最初の司教ハーバート＝ロシンガがノリッジ北東 1 マイルの St Mary Magdalen 病院やノリッジ北市外のスプローストン病院を建設する 50 年前から, かなりの規模のレパー集団が市郊外に存在していたようである。カンタベリー西方のハーブルダウン (Harbledown) にイングランドで最初期のレパー病院の 1 つを建設したカンタベリー大司教ランフランクのように, ハーバート＝ロシンガもまた, 病気の貧民のための施療院建設を推進していった。ロークリフは, レパーが 100 人に 1 人以上の割合で存在したと推測している。都市化が進むと, かれらの存在は目立つようになった。かれらは, 通常は郊外の施設において収容されていた。

つぎに, レプロシーがもった社会的意味が重大であった。11・12 世紀の著名人たちもレプロシーにかかるのを回避できなかった。たとえば, Baldwin IV of Jerusalem (d. 1185) や St Lazarus 十字軍団の初期のメンバーたちが, そうであった。イングランドでも司教や諸侯たちの事例が見られる。ま

た，中世の神学者たちの見解にも注目すべきである。かれらは，レプロシーが，犯した罪ゆえの病気（罰）であると捉えた。14世紀になるとユダヤ人とレパーに対する世俗権力による迫害を正当化するような教会の言説が見られるようである。こうして，病気への恐怖心ゆえに，病人たちが追放されることになった。また，教会は人々の恐怖心を利用しながら，教会改革を進めることもあった。レプロシーに対する11・12世紀の反応はさまざまであったが，大まかには，病人は制度的な隔離状態に置かれ，社会周縁に位置する人びととみなされていたようである。

さらに，レパーは宗教的にも重大な意味をもっていた。聖書（『レビ記』第13章）では，レパーは「汚れたる者」として隔離された。ロークリフによると，ヘブライ禁令では皮膚病全般が隔離され，ギリシア語病名として皮膚病をレパーという一般名で呼ぶようになった。レパーという名称は，モーセの律法がギリシア語やラテン語に翻訳される際に類語を提供したようである。中世の病名としては象皮病を表すものとしてlepraとelephantiaが併用された。いずれにしても，それは致死的病気とみなされていたようである。13世紀ヨーロッパにギリシア・アラビア的医学の知識が導入されるようになると，病気の観察・定義・診断が強調されていく。レプロシーの徴候として，指の欠損，鼻軟骨の破壊，しわがれ声，脱毛症，そして，進行性の身体的変形が認められると言われた。こうしたことは無意識のうちに厳重な隔離政策を取らせることになったであろう。

しかし，レプロシーは，つねに隔離されていたわけではない。むしろ，レパーとの接触行為が聖性を付与するものとみなされることもあった。ロークリフが指摘するように，聖人伝では定型表現としてレパーへのキスが描かれている。なぜなら，それが象徴的意味をもっていたからである。すなわち，レパーである受け手の中にキリストを見るという解釈であり，それは，行為者の受容・人間性・尊敬（inclusion, humanity, respect）を示すジェスチャーとみなされたのである。レパーの前での謙遜や慈悲を示す行動は，その行為者に「霊的薬」をもたらすものであった。

レパーが示したこの世の肉体的腐敗は，あの世の地獄の苦痛を思わせるものであった。同時に，レパーに対するチャリティーが発する「良い香」は，現実の「最悪の匂い」を追い払った。レパーを助けることの神学的意義づけが行われた。13世紀には煉獄の教えが盛んになるが，レパーが発する悪臭はこの世の煉獄を示していると考えられたのである。レパーと煉獄との結合を示唆するかのように，レパーハウス（病院）が建てられた場所の多くが浅瀬や橋の付近であった。建設上の現実的な理由があったとしても，それらの場所が地上から天国への魂の通過点とみなされるという類似性があったことはまちがいない。St Leonard's (Peterborough), St Mary & St Lawrence (Ickburg), St James's (Dunwich), St Michael's (Whitby) のような事例がある。また，Bishop's Lynn 市外の Gaywood 道路ぞいの St Mary Magdalen 病院は，海水，川，水路といった水辺景観を左右するような場所

に建てられていた。ロークリフは,こうした煉獄との結びつきから示唆されるような「浄化」機能をもつレプロシーは,神学的には,「のろわれた」存在であるよりもむしろ「特権」とみなされることさえあったと主張している。

中世イングランドにおいて,各種病気のなかでもレプロシーはその重大性ゆえに注目された。しかし,その重大性は,人数的に多数が目に付いたことは否定できないにしても,その社会的・宗教的意味合いとしてはきわめて多面的であった。

(2) 病院建設

ところで,病院建設と地方的聖人崇拝とはどのように関連しているのであろうか。聖人崇拝と巡礼,さらに病気の治癒奇蹟とが結びついていたことはまちがいない。地方的巡礼地と地方的聖人の結合事例は,たとえば,オックスフォードの聖フライデスワイド崇拝と巡礼,そして,聖所における治癒奇蹟と隣接のアウグスティヌス派律修聖職者の修道院との結びつきにおいて見られる。律修聖職者は修道士と違って司牧的あるいは使徒的役割をもっており,小教区教会のケアを行い,また病院を監督した。

中世イングランドにおいて,ノルマン期以降,病院建設は新しい形態の慈善的表現(new form of charitable expression)となった。その意味では,歴史的に,ノルマン的制度との関連で救済と司牧の問題を検討することが必要である。たとえば,レプロシーへのアングロ=ノルマン的対応といったこ

とが考えられる。それを宗教的召命と捉える立場や，レパーハウスと修道院との類似性が考察されるべきである。レパーハウスでは修道院的ルーティーンでの運営が行われたからである。

　レパーへの対応では，現実社会における隔離とともに，キリスト教信者共同体の中での居場所が考えられる。ローマ教皇や高位聖職者の姿勢も多面的であった。レパーたちは，病院付属の墓地をもつ権利を認められたり，初期レパーハウスでは宗教的儀式が執り行なわれた。病院はチャペルをもち，そこでのミサは，ロークリフの表現を借りれば，「霊的健康」をもたらすものとみなされたようである。

　ノリッジのセント＝ポール病院は，司教ハーバート＝ロシンガの在位期に着工されたが，完成は次の司教エヴェラルドの時期であった。その特徴は，最初から修道院的ルーティーンが採用されていたことである。毎日8回の祈祷を遵守することが要請された。T. ペステル（Pestell）が主張しているように，病院（施療院）の設立はノルマン期以降に流行する。ハーバート＝ロシンガの病院設立は，この新しい形の慈善表現を反映していたが，それは司教区の司牧者としての彼の立場にも合致するものであった。ところで，レプロシーの治癒に特化したような聖人がいたのかどうかが問題になるが，司教ハーバートは，2つの病院をマグダラのマリア（Mary Magdalene）に捧げている。彼女は，地方的聖人というより，普遍的聖人であった。

　中世イングランドで，ノルマン征服後に病院建設が慈善的

表現とみなされるようになった。なぜであろうか。たとえば，そのこととマリア信仰や子イエス崇拝とは関連があるのであろうか。11 世紀後半からイングランドでは都市の発達がみられ，そこではノルマン司教や商人といった富裕者たちが在住するようになった。また，この時期は小教区教会の数が増加していく。さらに，そのことは司牧活動の徹底化をもたらすとともに救済願望の増大を引き起こしたはずである。富をもったまま死を迎える商人たちのために「煉獄」といった救済方法が考え出された。こうした背景において見るなら，病人救済のための病院や施療院建設も，もっぱら都市民のためであり，農村は視野になかったかのようである。

　人びとは，魂の救済のため修道院と同様にレパーハウスを支援していった。そのことは，人びとがレパーたちの「助力」によって自分たちの救済を確実にしようとしていたことを示唆している。病院では，修道院的規律が義務づけられた。病院への寄進はレパーたちによる祈りの代償であった。ロークリフは，有力諸侯によるレパーハウスへの配慮が行われた場合には，かれらの所領における戦略的な景観配置を生み出したと指摘している。

　William le Gros, earl of Albemarle (d.1179) は，かれのホルダーネス所領の中心ヘドンにレパーハウスを建設し，それをヨークの聖ペテロ教会参事会 (the dean and chapter of St Peter's, York) のケアの下においた。かれが，そこにおいてキリスト教的な典礼執行が継続されることを期待したからである。その病院建設は伯自身や王族パトロンたちの救済

を願う行為でもあった。

　中世イングランドの病人たちの中で注目されたレパーたちは,「救われる対象」としての病人として位置づけられたようである。キリストがなした行為をまねて, 人びとはレパーの世話をした。(『マタイ伝』第8章) また, レパーの苦痛はキリストの十字架刑に類似するものとみなされた。病院の聖職者は司牧活動を行うことが要請された。1215年第4回ラテラン公会議が, 医学的治療を始める前に告白・告解・赦免を強調する以前から, 病院はそれらを入院条件にしていたようである。

　大陸では, クレルヴォーの聖ベルナールが1131年シャルトルの Grand-Beaulieu のレパーたちと生活している。かれの聴衆たちを真の悔悛へと鼓舞したのであり, 病人たちへの福音伝播の重要性が認識されていた。12・13世紀のレパーハウス収容者たちの生活は, 神の召使いたちのそれであった。しかし, 時には, 規律に反したレパーが, 悪気によって施設全体を害してはいけないとして追放されることもあった。通常は, レパーが罪を犯すことから自由であるとみなされることが多かったようである。

　阿部謹也氏は, 中世の都市において病人や行き倒れの余所者を世話するギルドが存在していたが, かれらの行動は, 病人のためというより自分達のためであったと考えている。富裕者にとっての救済は, 他者への施与や善行によって確保されたと言えよう。

4 宗教的実践の多様性

　中世イングランドにおいて死後の救済を願う人びとは，現世において種々の宗教的実践を行っていた。聖職者としても，在俗聖職者，修道士，律修聖職者，隠修士，托鉢修道士などいろいろであった。12・13世紀に見られるそうした実践の多様性は，救済についての教会の教えにより人びとの間で救済願望が切実なものとなっていたことを示唆している。宗教的実践の形態は，祈祷・救済・病人のケアといった問題と結びついている。それはまた，個人あるいは団体にとっての生と死の問題とも深くかかわっていたはずである。特定の宗教的実践が自分のためか，あるいは他人のためか，それら両者間のバランスがどうなっていたのかが問題になるかもしれない。

　人びとが死後の救済を願って行った善行としては，寄進あるいは病院（ホスピス，ホスピタル）の建設が注目される。記録に現れる事例としては，国王，王妃，諸侯や司教たちによる建設が顕著であるが，とりわけ，レパーのための善行が目立っている。

　国王に関しては，エドワード証聖王の奇蹟物語のなかで，国王にふさわし人間性を示すジェスチャーとして，かれが肩に担いで運んだレパーが治癒されたことを伝えているエピソードがある。これは，聖フランチェスコの回心に関して，かれがアシジ近くの平原でレパーと出会った際に，フランチェスコは，はっきりと，そのレパーの中にキリストを認めたというエピソードに似ている。

アングロ＝ノルマン期には，国王ヘンリー1世がレパーハウスを建設している。病院建設は，王としての責任であるとみなされていたようである。11世紀の王は貧者の保護を行うことにもなった。カリフォルニア大学中世史教授であったC.W.ホリスター（Hollister）が指摘しているように，ヘンリー1世は，ノリッジの貧者たちのためにセント＝ポール病院を建設したし，1129年前にはオックスフォードでセント＝バーソロミュー・レパー病院，シュロスベリーではセント＝ジャイルズ・レパー病院，おそらくリンカーンでもホーリー＝イノセント・レパー病院を建設している。

　ジョン＝オヴ＝ウスター（John of Worcester）は，1131年ヘンリー1世の寄進が「かれの罪を施与によってつぐなうために」という医者グリムボールド（Grimbald）の助言によるものであったと述べている。さらに，ロークリフによると，ヘンリー1世は，リンカーンの病院におけるレパーたちのために1人の司祭（チャプレン）を提供した後，かれ自身のためにミサを執行するさらに2人分の基本財産を提供している。ヘンリー2世は，1174年カンタベリー大司教座教会を訪問したときに，途中でわざわざ，ハーブルダウンのレパーハウスを訪れているのである。

　ヘンリー1世の王妃マティルダは，カンタベリー大司教アンセルムの助言によって，ロンドンでの病院建設を行った。レパーハウスであったSt Giles in the Fields, Holbornがそれである。ケンブリッジ大学中世教会史教授であったC.N.L.ブルック（Brooke）が指摘するように，マティルダはロンド

ン市の社会福祉に対する広範な関心をもっており，12 世紀のレパーハウス建設をリードしていったようである。

　王妃マティルダは，また，レパーへのキスを行っている。マティルダはレパーの前での謙遜（卑下）を示したが，ウェストミンスターのかの女の部屋へと群れ集まったレパーや病める貧者たちの前でマティルダが見せた行為を，直ちに模倣することができた男女はきわめて少なかったであろうというロークリフの判断は注目に値する。

　1135 年，William d'Albini の妻 Adela of Louvain は，ヘンリー 1 世王妃で未亡人となったが，Wilton (Wiltshire) と Arundel (Sussex) にレパーと貧者のためのセント＝ジャイルズ病院を建設している。

　王妃マティルダは，1101 年，40 人のレパーのための病院 (St Giles) を建設したのであったが，西側からロンドンに入る道路沿いに建てられたレパーハウスは，12 世紀イングランド社会の中でのレパーの位置について考えさせてくれる。そこでは，レパーハウスが「神の館」とみなされることもあったようである。

　ロークリフは，レパーへの献身という点で女が男にまさっていたと考えているが，修道院的な規律にもとづくレパーハウスでの聖なる女性たちによる執り成しの祈りは，レパーハウスへの寄進者たちの救済願望を満足させるものであったといえよう。

　諸侯たちの病院建設の動機としては，魂の救済を願ったり，所領支配の戦略の一環としたことなど，いろいろ考えら

れる。かれらは，修道院の保護管理の下にレパーハウスを建設していったようである。William de Warenne, earl of Surrey (d. 1088), Eudo dapifer (d. by 1120), steward to William Rufus, そして royal justiciar, Ranulf de Glandville (d. 1190) たちは，Lewes, Colchester, Leiston, Bulley に修道院病院を建設している。

　司教による病院建設も広い意味での宗教的実践や善行に含めることができるであろう。ノリッジ司教ハーバート＝ロシンガは，ノリッジとリンにおいて2つのレパー病院を建設していたのであった。

　中世イングランドの生と死にかかわる俗人たちの善行として，寄進や病院建設とともに注目されるのが，巡礼であった。巡礼に関しては，それが本人の意志によるものかどうかが問題にされる。また，巡礼に関する善行の中には巡礼者の世話といったことも含まれるであろう。しかしながら，基本的には，巡礼は祈りの行為であり，罪の赦しを求めて，あるいは救済のために行われた。また，巡礼では，旅の苦しみを経たのち，奇蹟を期待して聖人への祈りが行われた。さらに，巡礼において苦しみを体験することは，煉獄の働き（贖罪行為）と類似していたのかもしれない。そうであれば，巡礼は「現世における煉獄」と呼べるであろう。聖所での聖人崇拝は，巡礼者の祈りが聖人の執り成し，そして奇蹟を引き起こすということを前提としていた。しかし，他方で，同時期には，ミサにおいてさえ死者(聖人も含まれるであろう)と生者がコミュニケートできるのかどうか疑問視する主張も見ら

れたのである。

　俗人による善行の中には，フラタニティー（祈祷兄弟盟約）に加わることで，修道士たちによる代願祈祷に依存したり，宗教的ギルド（教区扶助組織）に加わって行う善行も含まれた。ギルドは，宗教的事柄や生者や死者を含むすべての構成員のための祈祷における相互扶助行為を行っていた。

5 病気の治癒

(1) 病院

　中世における生と死に関連しては，病気を治癒するための医術の習得や病院建設等が行われた。通常，病院建設は，巡礼者や一般都市民をケアするためであったといわれるが，実際には，むしろ寄進者（施与者）のためであったのではないか。たとえば，農村に病院や施療院が建設された事例は少ないようであるが，そのことは，人口密度の差が考慮されるべきであるとしても，むしろ，寄進者や建設者が都市に住んでいたことが多かったからであろう。もっとも，諸侯の所領支配のための戦略としての病院建設については，建設場所も含め，別の考察が必要であろう。

　病院建設や病人の世話といった慈善奉仕は，病院における祈りの重要性が認識されていたことを示唆している。また，ロークリフにしたがえば，レパーハウスのパトロンはその病院が所属していた修道院のフラタニティーに加わることができた。ある病院では3人の司祭が置かれたり，レパーが教会堂の扉前に埋葬されることも可能であった。レパーが特別視

されたのは，かれらが神により選ばれた者であり，地上で神を思い出させる存在であるとみなされたからである。レパーは，悪臭を放ちながら痛めつけられたキリストの似姿として捉えられていたのである。

中世イングランドでの生と死に関連して重要であったのは，肉体的滅び（現世的死）への不安や恐怖を取り除いたり，また，苦しみをやわらげることであった。その限りでは，逆説的でもあるが，レパーは，神に愛された存在であり，かれらの信仰生活は救済へと導くものであった。少なくとも，聖人伝の取り扱いは，レパーをそうした存在とみなしているのである。そこには，選ばれたレパーと一般的レパーとの差別化を認めるべきかもしれない。有力な商人たちの救済のために「煉獄」が考え出されたように，レパーハウスを「神の館」と捉えたり，レパーをキリストと見たり，「この世の煉獄」と捉えたりしたのも，有力・富裕で選ばれたレパーたちの救済のために教会（聖職者）が考え出した見方であると言えるのかもしれない。いずれも寄進や病院建設へと導くことになった。

(2) 医療行為

聖所での病気の治癒奇蹟については，治癒奇蹟の発生場所と医学に通じたアウグスティヌス派律修聖職者たちとの近接性が想定されるのであるが，第2回ラテラン公会議（1139）第9条は，律修聖職者や修道士たちが，ローマ法や医学を金儲けのために学ぶことを禁止している。このことは，医学知

識をもった律修聖職者たちが相当数いたことを示唆しているのであろう。たしかに、ベネディクト派修道士たちについては、「医の独占」、すなわち医学知識や医術を独占していたと言えるのではないか。かれらは、もっぱら宮廷や修道院において医療行為を行っていた。F. バーロ (Barlow) は、アングロ＝ノルマン期 (1066-54) の医者としては45名の人びとを確認している。これとは対照的に、キーリーは、アングロ＝ノルマン期について101名の医者の名前を史料から検出しており、すべての人びとが何らかの医療を受けることができた可能性を示唆しているが、この点はさらに検討されるべき問題である。

アングロ＝ノルマン期の国王の侍医たちの中では、ベリー＝セント＝エドムンド修道院長ボールドウィン (Baldwin, abb. of Bury St Edmunds, 1065-97) が注目される。かれは、シャルトルに生まれ、サンドニ修道院の付属修道院長 (Leberaw Priory, Alsace) となった。医学に通じた人物で、イングランドに渡ってからは、エドワード証聖王の侍医となり、ノルマン征服後にはウィリアム1世やウィリアム2世の侍医として仕え、1097年に死去している。医者としてのエピソードとしては、対立していたセトフォード司教ハーファースト (Herfast) が落馬事故にあったとき、司教は目の治療をボールドウィンに依頼したと伝えられている。

第2に、アビンドン修道院長ファリキウス (Faricius, abb. of Abingdon) がいるが、かれはヘンリー1世の王妃マティルダに仕える医者であった。ファリキウスは、1123年カン

タベリー大司教選挙において，国王により推薦されたのであるが，在俗聖職者たちからの反対で成就しなかった。反対の理由の中で，かれが女性（王妃）の下の世話をする人物であると揶揄されている。

　病気との関連で重視すべきは，第1回ラテラン公会議（1123）第15条が，修道院長や修道士が病人を訪問し，公に告解の秘蹟等を執り行なってはならないと規定していることである。それが，司教や司祭が行うべき司牧行為とみなされたからであろう。ウェストミンスター教会会議（1138年）でも，第1条は「堅信礼，聖香油，洗礼，贖罪，病人訪問，婚姻，塗油，聖餐（聖体拝領），埋葬のためのいかなる代価を要求することも破門の罰をもって禁止」している。また，第2条は「キリストの身体（聖体）が8日間以上保存されるべきでないこと，そして，それは通常，司祭あるいは助祭によってのみ病人のところへ運ばれるべきこと，きわめて緊急の場合にはだれによってでも，しかし最大限の尊敬をもって選ばれるべきことを命じ」ている。

　病人のケアための対応では，12世紀のローマ教皇が，レパーの苦痛に同情的であったことがうかがわれる。たとえば，第3ラテラン公会議（1179）第23条は，レパーハウスのために分離した教会堂や墓地を提供することを命じている。また，一方で病院の課税免除特権を保護してやりながら，他方で教区的諸権利に貪欲に固執する聖職者たちの行動を批判している。さらに，ロークリフが注目するように，エクセター，ダドストン（グロースター付近 Dudston），レディングのよ

うなレパーハウスでは，収容者の移動の自由が認められていたようである。

ところで，中世イングランドにおいて医者となった人々は，どこで医療技術を学んだのであろうか。修道士であることは，全員ではないにしても，多くの者が初歩的な医療技術や知識をもっていたことを意味したであろう。なぜなら，修道院においては，院内で薬草が栽培されたり，老いた修道士たちを看護することが必要であったからである。

それでは，修道士たちは自分たちのためだけに医術を学んだのか。そうであれば，俗人たちが，病気の治癒奇蹟を願って聖人崇拝を行うのを，修道士たちはどのように見ていたのであろうか。当然ながら，かれらも，俗人たちと同じ程度に聖人の執り成しを信頼していたであろう。しかし，同時に，修道士たちは修道院内において聖人や神に祈りながらも，実際には医学的な治療行為も行っていたと言えるのではないか。

中世イングランドにおいて，病院や施療院が不特定多数の一般の人びとに対して開かれていたと考えることは困難である。むしろ，そこには選ばれた人数の特定の人びとが収容されていた。そうした病院での看護体験を通じて，中世の大学におけるような医学の体系的知識を習得することは不可能であったかもしれないが，病院や修道院といった現場における初歩的医術の習得は可能であったはずである。しかしながら，一般の人びとの場合には，自分の家に代々伝わる薬草類や，「魔女」と呼ばれることになる民間医術の能力者や隠修

士たちに依存すること以外に医療行為を受けることは困難であったであろう。残された途は，聖人たちの神への執り成しによる治癒奇蹟に依存することであった。

おわりに

生と死をめぐって不安定な中世のイングランド社会の中で，病院は収容者の不安や苦しみを軽減し，そこでのキリスト教的規律の実現をめざすものであった。病院では，かならずしも，病気治癒のみがめざされていたわけではない。また，小教区教会を通じて，一般の俗人信者に対して医療が施されることはなかった。そこでは，神や聖人による救済を願いつつ治癒奇蹟へ依存することがもっぱらであった。教会では死後の霊的救済の教えが説かれ，一般都市民や農民たちは信仰による病気治癒，そして司祭によるミサでの救済，すなわち，キリストによる救済を期待していたと言わざるをえない。

（付記）本章の執筆にあたり，イースト＝アングリア大学歴史学教授キャロル＝ロークリフ（Carole Rawcliffe）から直接の教示や彼女の研究をつうじての多くの示唆を受け，また事例データを利用させてもらった。明記して謝意を表したい。

文献リスト

B.Ayers, *Norwich: 'A Fine City.'* Stroud, Gloucestershire, 2003 (1994).

I.Atherton et al. ed., *Norwich Cathedral: Church, City and Diocese, 1096-1996.* London, 1996.

F.Barlow, *The English Church 1066-1154* [1066-]. London, 1979.

P.Binski, *Medieval Death: Ritual and Representation.* Ithaca, 1996.

T.S.R.Boase, "King Death: Mortality, Judgement and Remembrance," in J.Evans ed., *The Flowering of the Middle Ages.* N.Y. 1985 (1966). pp.167-198.

T.S.R.Boase, *Death in the Middle Ages: Mortality, Judgement and Remembrance.* London, 1972.

C.N.L.Brooke and & G.Keir, *London 800-1216: the Shaping of a City.* London, 1975.

C.N.L.Brooke, *The Age of the Cloister: The Story of Monastic Life in the Middle Ages.* Stroud, Gloucestershire, 2003.

J.Burton, *Monastic and Religious Orders in Britain, 1000-1300.* Cambridge, 1994.

E.L.Cutts, *Dictionary of the Church of England.* London, 1889.

J.Campbell, "Norwich," in M.D.Lobel and W.H.Johns ed., *The Atlas of Historic Towns*, vol.2, 1975.

C.Daniel, *Death and Burial in Medeival England, 1066-1550.* London, 1997.

R.Dinn, "Death and Rebirth in late Medieval Bury Saint Edmunds," in S.Basset, *Death in Towns: Urban Responses to the Dying and the Dead, 100-1600.* Leicester, 1992, pp.151-169.

B.Dodwell, "Herbert de Losinga and the Foundation," in I.Atherton et al. ed., *Norwich Cathedral,* pp.36-43.

P.J.Geary, *Living with the Dead in the Middle Ages.* Ithaca, 1994.

A.Gransden,"Baldwin, Abbot of Bury St Edmunds, 1065-1097," *Anglo-Norman Studies[ANS]*, 4 (1981) 1982, pp.65-76.

D.M.Hadley, *Death in Medieval England: an Archaeology.* Stroud, 2001.

C.Harper-Bill ed., *English Episcopal Act VI, Norwich 1070-1214.* London, 1990.

C.Harper-Bill, "Searching for Salvation in Anglo-Norman East Anglia," in C.Harper-Bill, C.Rawcliff, & R.G.Wilson ed., *East Anglia's History: Studies in honour of Norman Scarfe.* Woodbridge, 2002. pp.19-39.

C.W.Hollister, *Henry I.* New Haven, 2001.

T.Hunt, *The Medieval Surgery.* Woodbridge, 1999 (1992).

中世イングランドにおける生と死　37

E.J.Kealey, *Medieval Medicus: A Social History of Anglo-Norman Medicine*. Baltimore, 1981.

D.Knowles & R.N.Hadcock ed., *Medieval Religious Houses: England and Wales*. London, 1971.

E.H.Landon ed., *A Manual of Councils of the Holy Catholic Church*, 2 Vols. Edinburgh, 1909.

L.Landon, "Everard, Bishop of Norwich," *Proceedings of the Suffolk Institute of Archaeology, 22* (1930), pp.186-98.

J.Le Goff, *The Birth of Europe,* trans. by J.Lloyd. Oxford, 2005.

M.McLaughlin, "On Communion with the Dead," *Journal of Medieval History,* 17 (1991) , pp.23-34.

N.Orme and M.Webster, *The English Hospital 1070-1570.* New Haven, 1995.

T.Pestell, "Monastic Foundation Strategies in the Early Norman Dioces of Norwich," *Anglo-Norman Studies,* 23 (2000) 2001, pp.199-229.

T.Pestell, *Landscape and Monastic Foundation: Establishment of Religious Houses in East Anglia, c.650-1200.* Woodbridge, 2004.

C.Platt, *The English Medieval Town.* London, 1976.

C.Rawcliffe, *Medicine for the Soul: The Life , Death and Resurrection of an English Medieval Hospital St Giles's, Norwich c1249-1550.* Sutton, 1999.

C.Rawcliffe, "Learning to Love the Leper: Aspects of Institutional Charity in Anglo-Norman England," *ANS*, 23 (2000), 2001, pp.231-250.

C.Rawcliffe, "Curing bodies and healing souls: Pilgrimage and the Sick in Medieval East Anglia," in C Morris and P Roberts ed., *Pilgrimage: The English Experience from Becket to Bunyan* (Cambridge, 2002) pp. 108-40.

P.Richards, *The Medieval Leper and His Northern Heirs*. Cambridge, 2000 (1977).

T.Rowley, *Book of Norman England*. London, 1997.

N.Scarge, *Suffolk in the Middle Ages*. Woodbridge, 2004 (1986).

A.Wareham, "The Motives and Politics of the Bigod Family, c.1066-1177," *ANS*, 17(1994), 1995. pp.223-242.

D.Whitelock, M.Brett and C.N.L.Brooke ed., *Councils and Synods with Other Documents Relating to the English Church, Vol.I, A.D.871-1204*. Oxford, 1981.

D.Wollaston, "Herbert de Losinga," in I.Atherton et al. ed., *Norwich Cathedral*, pp.22-35.

阿部謹也「中世における死」「病者看護の兄弟団」同『中世の星の下で』(筑摩書房, 1988) pp.92-106, 194-208.

ハンス=ヴェルナー=ゲッツ著, 津山拓也訳「死に向けた人生?—中世の死生観—」同『中世ヨーロッパの万華鏡, 第2巻, 中世の聖と俗—信仰と日常の交錯する空間—』(八坂書房, 2004) pp.135-203.

小池寿子『死者のいる中世』みすず書房，1994。

小池寿子「死の中世―臨終の光影―」草光俊雄・小林康夫編『未来のなかの中世』（東京大学出版会，1997）pp.71-92.

N. オーラー著，一條麻美子訳『中世の死』法政大学出版局，2005。

H. シッパーゲス著，大橋博司・濱中淑彦他訳『中世の医学-治療と養生の文化史-』人文書院，1988。

馬杉宗夫『大聖堂のコスモロジー－中世の聖なる空間を読む－』講談社現代新書，1992。

馬杉宗夫『ロマネスクの美術』八坂書房，2001。

山代宏道『ノルマン征服と中世イングランド教会』（溪水社，1996）。

山代宏道「中世ヨーロッパにおける巡礼の旅―時空間移動の視点から―」『広島大学大学院文学研究科論集』63号（2003）pp.33-50.

山代宏道「中世ヨーロッパの旅―騎士と巡礼―」『中世ヨーロッパの時空間移動』（共著者：原野昇，水田英実，山代宏道，中尾佳行，地村彰之，四反田想。溪水社，2004）pp.7-45.

『新約聖書』と
その注解に描かれた人間の生死
— ラザロの復活の奇跡 —

水 田 英 実

はじめに

　『ヨハネによる福音書』は，親しい友人ラザロの死に直面したイエスが涙を流したことを記している。ラザロが姉妹マルタとマリアと一緒に住んでいたエルサレム近郊のベタニアを訪ね，急な病気で死んだラザロを葬った墓に案内されたときのことである。しかし墓の前についたイエスは，ラザロを蘇らせ，神の栄光を説く。中世キリスト教神学者トマス・アクィナスは，このラザロの復活の記事の中に二つの秩序を見出している。（トマス・アクィナス『ヨハネ福音書講解』）　人間の生死を，個人の生死に関することがらとして捉えるに止まらず，世界と歴史全体の始めと終わり，人類の罪と救済という観点から論じるのである。肉体の死は究極の死ではなかったからである。

　『新約聖書』にはイエスが行ったさまざまな奇跡についての記述が見出される。死者を蘇らせる奇跡は三度行われてい

る。ラザロの復活（ヨハネ 11,38-44; マテオ，マルコ，ルカには記述がない。）のほかに，ヤイロの娘を生き返らせたこと（マテオ 9,18-26; マルコ 5,21-43; ルカ 8,40-56）や，ナインのやもめの息子を蘇らせたこと（ルカ 7,11-17）が記されている。

　さて，ラザロの復活の奇跡に関する記述は『ヨハネによる福音書』第 11 章にある。折しもヨルダン川の向こうのベタニアにいたイエスのところに使いが来て，ラザロが病床に伏していることを告げる。このベタニアはエルサレムに近いオリーブ山麓にあったベタニアではなく，エルサレムから東に 40 キロほど離れたところにあった。報せを受けたとき，イエスはすぐには発たず，一両日そこに留まったのちに，エルサレム近郊のベタニア（エルサレムの南東 3km）に向かう。そして既に死んで墓に葬られていたラザロを蘇らせたのである。

　そのことが事態を急展開させ，イエスの受難と死を早めることにもなった。「一人の人間が民に代わって死に，国民全体が滅びない方が得策である」と考えた大祭司カヤファたちは，「この日以来，イエズスを殺そうと決めた」（ヨハネ 11,49-53）からである。イエスは過越祭が近づくまでエフライムに逃れる。（エフライムは，エルサレムの北方 20km のあたりとする説などがあるけれども正確な場所は不明である。）

　ガリラヤで宣教活動を始めたイエスは，十字架上の死を迎えるまでの二年数ヶ月の間，毎年過越祭の時期にエルサレム（ヨハネ 2,13; 6,4; 11,55）を訪れている。このたびも，避難していたエフライムからエルサレムに向かう。三度目であった。そして最後になる。この最後の上京の途中にも，イエス

はエルサレムに近いベタニアに立ち寄り，生き返ったラザロたちに迎えられ，歓待を受けている。

> 過越の祭りの六日前に，イエズスはベタニアに行かれた。そこには，イエズスが死者の中から生き返らせたラザロがいた。そのベタニアで，人々はイエズスを食事でもてなした。マルタは給仕をし，ラザロは一緒に食事の席についた人々の中に加わっていた。そのとき，マリアは非常に高価な純粋のナルドの香油を，一リトラ持って来て，イエズスの足に塗り，自分の髪の毛でその足をふいた。家は香油の香りでいっぱいになった。(『ヨハネによる福音書』第12章1-4)

過越祭は春先の大きな祭りである。かつてユダヤ人たちがモーゼに率いられてエジプトを脱出した際，戸口に小羊の血を塗ることによって，すべての初子に死をもたらすという災いを被らずに済んだことを記念して，今も毎年行われている。

ラザロたちがいたベタニアは，今，エル・アザリエと呼ばれる。ラ・ザルという名前が「神は助ける」を意味するエル・アザルの省略形であることに因んでいるという。エルサレムまでの距離は，オリーブ山をはさんで3キロ（ヴルガタ訳同章18節によれば15スタディウム＝約2.8キロ）であったから，容易に歩ける。

ラザロが病死したとき，大勢のユダヤ人たちが，訃報を聞いて弔問のために姉妹の家に来ていた。この人たちは，イエスの行った奇跡によってラザロが蘇ったのを見て，イエスが神の子であることを信じたという。しかし一部の人たちは信

じず，ファリザイ人のもとに行ってイエスがしたことを告げた（同 45-46 節）。そこで大祭司カヤファは，イエスに従うひとが増えることを恐れ，衆議会を開いてイエスの排除を決議するにいたったのである（同 53 節）。

　ラザロの復活というテーマは，中世美術のみならず，近代絵画においてもよく取り上げられている。レンブラント（1606 - 1669）やゴッホ（1853 - 1890）の「ラザロの復活」をはじめ，多数の画家の作品がある。

レンブラント「ラザロの復活」

ゴッホ「ラザロの復活」

　また文学作品においても，たとえばドストエフスキー（1821 - 1881）の『罪と罰』の中に，娼婦ソーニャが乞われてラザロの復活の話を朗読するところがある。そのあとにラスコーリニコフが老婆殺しを告白し，シベリア流刑へと展開してゆく重要な場面である。

　キェルケゴール（1813 - 1855）の『死に至る病』という書名は，救いようのない絶望に陥ることを意味している。この書名は，言うまでもなく，『ヨハネによる福音書』の中でラザロの病が「この病は死に至るものでない。神の栄光のためにある」（同 4 節）と言われたことを逆転させている。

　それでは，近代以前の中世ヨーロッパ世界においてラザロの復活の話はどのように受けとめられていたのであろうか。

ここではトマス・アクィナスの『ヨハネ福音書講解』Thomas Aquinas, *Super Evangelium S.Ioannis lectura* (c.1270) において，ラザロの復活の奇跡に関する記述が，どのように受け取られているか調べてみることにしよう。そうすることによって，中世キリスト教世界における死生観の一端に触れることが出来ると思われるからである。

『新約聖書』の翻訳は，フランシスコ会聖書研究所『聖書』（原文からの批判的口語訳「ヨハネによる福音書」(1969)）およびこれを改訳した，フランシスコ会聖書研究所訳注『新約聖書』(1980) を参照した。トマスが用いたラテン語『聖書』は，五世紀初めにヒエロニムスが訳した，いわゆるヴルガタ訳である。ヴルガタ訳『聖書』は，一部分がヘブライ語から新たに訳出され，他はイタラと呼ばれる古いラテン語訳がギリシア語訳原文と照合・校訂されている。トリエント公会議 (1546) において，その使用が公認されるにいたるけれども，この公認は批判学的な確定を意味しておらず，その後も改訂の試みが続いている。

なお，トマス・アクィナス (1224/5 - 1274) は，1256 年にパリ大学神学部で教職に就き，離職していた時期をはさんで 17 年間，教授職にあった。当時神学教授の主要な職務の一つに聖書の注解を内容とする講義が含まれていたから，トマス・アクィナスも，講義の記録として，『イザヤ書』『エレミヤ書』『詩編』『ヨブ記』『マタイによる福音書』『ヨハネによる福音書』『パウロ書簡』等々に関する注解を残している。そのほか，四福音書についての教父たちの注解を集成し

た『黄金の鎖』*Catena aurea* がある。ちなみにレクトゥーラ (lectura) と呼ばれる注解は，学生の講義ノートである。著者自身が手を加えたり，筆記させたりしたものは，エクスポジチオ (expositio) と呼ばれる。

1 『ヨハネ福音書講解』第11章第1講－第3講

(第11章1－5節) さて，ある病人がいた。ラザロといい，マリアとその姉妹マルタの村ベタニアの人であった。このマリアは主に香油を塗り，その足を自分の髪の毛でぬぐった女で，その兄弟ラザロが病気だったのである。そこで，二人の姉妹はイエズスのもとに人を送って，「主よ，あなたの愛しておられる者が病気なのです」と言わせた。これを聞いて，イエズスは仰せになった。「この病気は死ぬほどのものではない。神の栄光のためのものであり，神の子はそれによって栄光を受けることになる」。イエズスは，マルタとその姉妹とラザロを愛しておられた。

トマスの注解によれば，ここに描かれた病者ラザロは，神に希望をおきながらも，罪ゆえに病をえた信仰者の姿である。ラザロはその名の通り ── ラザロという名前には「主なる神の助けを受ける」という意味がある ── ，神の助けを得る望みを失わず，いったんは葬られるけれども，イエスの権能によって神に愛されたものとして再び蘇るのである。

さて，姉妹はイエスのところに使いを送ってラザロが病気になったことを伝える。姉妹は使いに，「主よ，あなたの愛する者が病気です」(3節) と言わせた。トマスによれば，この言い方から三つのことが読み取れるという。

第一に，神に愛されている者であっても，時として病に倒れることがある。しかし身体をこわすことがあるからといって，それで神に愛されていないということが示されることになるわけではない。

　第二に，姉妹はラザロの病を伝えただけで，治癒を求めていない。それは必要なことを告げれば充分だったからである。真に愛していれば，愛するものにとっての善を自分にとっての善のようにして求め，自分にとっての悪を避けるように愛するものにとっての悪を取り除こうとするからである。

　第三に，姉妹はラザロの回復を願いながらも，自分でイエスのもとを訪ねていない。この点で，福音書の他の箇所に記された治癒の奇跡の場合と違う。これは二人が自分たちに対するイエスの深い愛情を確信していたからであるという。「イエズスはマルタとその姉妹とラザロを愛していた」（5節）のである。

　ところで，マルタの妹マリアがここで「主に香油を塗り，その足を自分の髪の毛でぬぐった女」と言われているのは，マリアと呼ばれる多数の同名の女性から区別するためであったという。ただしこのマリアと，イエスの足に香油を塗り，髪の毛でぬぐった罪の女（ルカ 7,36-50），さらにマリア・マグダレナ（ルカ 8,2-3 のほか，マテオ 27,55-56，マルコ 15,40-41，ルカ 23,49 もガリラヤからイエスに従ってきた女性としてこの名を挙げている。）を含めて三人とも，あるいはそのうちの二人を同一視するなど，諸説がある。アウグスティヌスは三人のマリアを同一人物とする。教会の典礼もこの説をとってい

る。それは三人を同一視する説に対する反証が見出されないことによる。しかし近年，聖書学者の大多数は，ラザロの姉妹のマリアとルカ7章の罪女を別人とみる説を支持している。

さてラザロの病の理由は「神の子が栄光を受ける」（4節）ためであったとされる。「この病は死に至らない」と言われたのはそのためであった。たしかに，肉体の死をもたらす病もあれば，もたらさない病もある。

死に至る病のほうは，罰として与えられる悪であって，死以外の何ものにも秩序づけられていない。しかしやはり神の摂理によってもたらされるものである。神に由来するものはすべて秩序づけられているからである。じっさい罰として与えられる悪のうちのあるものは死をもたらす。とはいえ死以外のことに秩序づけられたものもある。ラザロの病はこれに分類される。つまり神の栄光に秩序づけられていたのである。

ラザロは事実として死んだ。それにもかかわらず究極的な仕方で死に秩序づけられていたのではなかったという。それは，いわば清められたものとして蘇り，神の栄光のために義とされて生きることに向けて秩序づけられていたからであり，また奇跡を見たユダヤ人たちが信仰に向けて回心するためでもあったとされる。ラザロの蘇りによって，「神の子が栄光を受ける」（4節）ことになるのは，こういった理由によるというのである。

ところでトマスによれば，以上の説明はまだ十分でないと

いう。それはラザロの病と死には二つの原因があったからである。ラザロは，自然の秩序の中で，自然の原因によって死を迎えたのであるから，この観点からすれば，蘇りにいたる道筋はない。しかし神の摂理を原因として生じたことがらとして考察することができる。この観点において，ラザロの病は，神の摂理によって神の栄光へと秩序づけられていたとされるのである。神の栄光を実現することは，自然の意図するところではなく，神の摂理の意図するところである。神の栄光への秩序において，為された奇跡を見て，キリストを信じるにいたったとき，そのひとは真の死 (vera mors) を免れることになるというのである。

(11章6－10節) イエズスはラザロが病気であることを聞いてからも，同じ所になお二日留まられた。その後，イエズスは弟子たちに，「もう一度ユダヤに行こう」と仰せになった。弟子たちは，「ラビ，ユダヤ人たちは，つい先ごろあなたに石を投げつけて殺そうとしました。それでも，まだそこへ行こうとなさるのですか」と言った。イエズスはお答えになった。「昼間は十二時間あるではないか。昼間歩けば，つまづくことはない。この世の光をみているからである。だが，夜歩けば，つまずく。その人の内に光がないからである」。

(11章11－16節) こうお話になり，またその後で，弟子たちに仰せになった。「わたしたちの愛する者ラザロが眠ってしまった。しかし，わたしは彼を眠りから覚ましに行く」。すると弟子たちは，主よ，眠っているのなら，助かるでしょう」と言った。イエズスは，ラザロの死んだことを話されたのだが，弟子たちは，ラザロがよく眠っていることを話しておられると思ったのである。そこでイエズスは弟子たちにはっき

り仰せになった。「ラザロは死んだのだ。わたしがそこに居合わせなかったことは，あなたたちのためによかった。あなたたちが信じるためである。ともかく，ラザロのところに行こう」。するとデドモと呼ばれたトマスが仲間の弟子たちに，「わたしたちも行って，ご一緒に死のう」と言った。

トマスの『ヨハネ福音書講解』第 11 章第 2 講（6 － 10 節）と第 3 講（11 － 16 節）は，ラザロが病に臥したことを知らせる使いが来たにもかかわらず，なお二日間その地に留まっていたこと（6 節），その後，イエスが「もう一度ユダヤへ行こう」（7 節）と弟子たちを促し，はっきりと「ラザロは死んだ」（14 節）と告げたことを記した箇所を注解している。

イエスがラザロの墓に着いたとき，「既に四日経っていた」（17 節）というのであるから，イエスがいたヨルダン川の東側（ペレアのベタニア）までの 40 キロの行程を考慮にいれるならば，ラザロの姉妹が使者を送り出した日にラザロは死んでいたことになる。トマスは，イエスが急がなかった理由は，ラザロの死の事実のためであったと注解している。

それは一つには，生命の現前するところに死の存する余地はないのであるから，もし生命そのものであるイエスがその場に居合わせたとしたら，それだけでラザロの死が妨げられてしまったであろうからであるという。いま一つには，誰にも「まだ死んでいなかったから生き返らせることができたのだ」と言わせず，むしろありえないと言わざるを得ないことがまさに奇跡として行われたと信じることができるようにするためであったという。

エルサレムはヨルダン川が流れ込む死海よりも西側にある。この地域がユダヤと呼ばれている。イエスは弟子たちに向かって、「もう一度ユダヤへ行こう」と言った。それは、エルサレムでの受難と死を覚悟した最後の旅の始まりを意味していた。ラザロの死と復活はキリストの死と復活の前奏である。十字架上の死に向けての旅の初めに、イエスは、ラザロの姉妹が住むベタニアに立ち寄ったのである。

何故イエスは「ラザロは眠っている」と言ったのか。それは、ラザロの死は、ラザロを生き返らせることができない人々にとっては「死」であっても、生き返らせることのできるイエスにとっては「眠り」に過ぎなかったからであるという。じっさい眠りには多様な意味がある。自然な睡眠を意味するほかに、怠惰や罪、あるいは瞑想や永遠の安息を指して言うこともある。しかし「死」が「眠り」と呼ばれるのは、蘇りへの望みがある場合であって、この用法は、キリストが死んで復活したとき以来のものであるという。

イエスにはラザロを蘇らせる力があった。そこで「わたしはラザロを眠りから覚ましに行く」と言ったのであるという。イエスにとって、ラザロを墓から生き返らせることは、寝床から起き上がらせることと変わりのない容易なことであった。「神の子」に死者を生き返らせる力があることは、何ら不思議ではなかったからである。

2 『ヨハネ福音書講解』第11章第4講

（第11章17 − 27節）さて、イエズスが行って、ご覧になる

と、ラザロが墓に葬られてから既に四日経っていた。ベタニアはエルザレムに近く、およそ十五スタディオンほど離れた所にあった。マルタとマリアのところには、大勢のユダヤ人が兄弟のことで慰めに来ていた。マルタは、イエズスが来られたと聞いて、迎えに行ったが、マリアは家の中に座っていた。マルタはイエズスに言った。「主よ、もしここにいてくださったら、わたしの兄弟は死ななかったでしょうに。しかし、あなたが神にお願いすることは何でも、神がかなえてくださる、と今でもわたしは知っております」。イエズスは、「あなたの兄弟は復活する」と言われた。マルタは言った。「終わりの日の復活の時に、復活することは存じております」。イエズスは仰せになった。「わたしは復活であり、命である。わたしを信じる者は、たとえ死んでも生きる。生きていて、わたしを信じる者はすべて、永遠に死ぬことはない。このことを信じるか」。マルタは答えた。「はい、主よ、あなたがこの世に来られるはずの神の子、メシアであると、わたしは信じております」。

「ラザロが墓に葬られてから既に四日経っていた」（17節）——トマスは、教父たちの注解によれば、四日という日数にも意味があるとされていることを紹介している。アウグスティヌスの説によれば、四日は四様の死に対応している。第一日は、原罪の結果として人類にもたらされた死を示す。他の三日は、実際に行われた罪が死に値する罪として、死を意味するとされることによるもので、三種類の法に対する逸脱によって三様の死がもたらされることを示しているという。

第一は自然の法（lex naturae）を逸脱した罪によってもたらされる死であって、これが第二日である。第二に、書かれ

た法 (lex scripta) によって死に処されることが示される。これが第三日である。第三は福音と恩寵にもとづく法 (lex Evangelii et gratiae) による死であって、これが第四日の死であって、他の死に比して最も重いとされる。

しかし別の解釈では、第一日は心の罪、第二日は口から出る言葉の罪、第三日は行いの罪、第四日は倒錯した習慣による罪がもたらす死を意味しているという。

いずれにしても、「ユダヤ人の俗信では死者の魂は死後三日間死体の周りにうろついているが、四日目に立ち去り、肉体の腐敗が目につくようになって、その後はもはや、死者の蘇生の希望はないと考えられていた」（フランシスコ会聖書研究所訳注）とされる。

さて、『ヨハネによる福音書』は第4講の箇所で、ラザロの二人の姉妹のうち、マルタとイエスのやりとりを描写している。マリアとのやりとりの描写は第5講の箇所にある。

イエスの一行がベタニアに着いたとき、マルタはイエスに言う。「主よ、もしここにいてくださったら、わたしの兄弟は死ななかったでしょうに」（21節）——マルタは、イエスの衣の房に触れただけで、十二年間出血病を患っていた女が癒された（マテオ 9,20-22）ことを知っている。だからもしイエスがここにいたら、それだけでラザロが死に見舞われることはなかったであろうと確信することができたのである。

生命があるところに死が存在する余地はない。だからもし、生命であるキリストがその場に居てさえくれれば、ラザロが死ぬことはなかったに違いない。信仰者の論理にもとづ

いてマルタはこういう結論を得ることができたのである。

しかしながら『講解』によれば，トマスは，マルタの持つ信仰は完全ではなかったと見ている。それは，マルタがその場にいなかったキリストには，その場にいたらできたはずのことができなかったと考えているからである。このようなことは有限な被造的な力について妥当するにしても，無限な造られざる力である神の場合にはあてはまらない。その場に居合わせようが居合わせまいが変わりがないからである。神にはすべてのものが現前しているのである。

「あなたの兄弟は蘇る」（23節）——こう言って，イエスは今まさにラザロの復活の奇跡が行われようとしていることをマルタに告げる。もっともマルタの側から言えば，墓に葬られて四日もたったひとが蘇ったという話は，いまだかつて聞いたためしはない。だから，イエスがラザロをいますぐに死者の中から蘇らせるなどということは思いもよらないことであった。しかしマルタは，世の終わりに人々の復活があることを信じていた。そのために「終わりの日の復活の時によみがえることは存じております」（24節）と応じたのであるという。

「わたしは復活であり，いのちである。わたしを信じて生きる者は，すべて永遠に死ぬことはない」（25-26節）というイエスの言葉は，自分に死者を復活させる力があることを宣言するものであった。しかしそのイエスから「あなたはこれを信じますか」（同節）と問われたとき，マルタは「あなたが復活であり，いのちである」ことを信じると答えたわけ

ではなかった。そう答えるかわりに、「あなたが、この世にきたるべき神の子、メシアであることを、わたしは信じております」（27節）と答えている。

教父たちの注解は、マルタの答え方に関して評価が分かれる。クリソストムス（c.347 - 402）の解釈では、この答えはイエスの言葉をまったく理解していないことを示しているとされる。それに対して、アウグスティヌス（354 - 430）によれば、イエスのもつ権能とイエスがもたらす救済の根拠となることがらを答えているという。つまりこれはマルタによる完璧な信仰告白であるとされる。

3 『ヨハネ福音書講解』第11章第5講・第6講

（第11章28 － 37節）マルタはこう答えてから、行って姉妹のマリアを呼び、「先生がお見えになりました。あなたをお呼びです」とそっと言った。マリアはそう聞くと、すぐに立ち上がり、イエズスのもとに行った。イエズスはまだ村に入らず、マルタが出迎えた所におられた。一緒にいて、マリアを慰めていたユダヤ人たちは、マリアが急に立ち上がって出て行くのを見て、墓に泣きに行くのだろうと思い、後から付いて行った。マリアはイエズスのおられる所に来ると、イエズスを見るなり、足もとにひれ伏し、「主よ、もしここにいてくださったら、わたしの兄弟は死ななかったでしょうに」と言った。イエズスは彼女が泣き、一緒にやって来たユダヤ人たちも泣いているのを見て、激しく感動し心を騒がせて、「ラザロをどこに葬ったか」とお尋ねになった。彼らは、「主よ、来て、ご覧になってください」と言った。イエズスは涙を流された。ユダヤ人たちは「ああ、なんとラザロを愛しておられたことだろうか」と言った。しかし、中には、「盲人の目を

開けたこの人も、ラザロが死なないようにはできなかったのか」と言う者もいた。

マルタに続いて、もう一人の姉妹マリアもまたイエスの前で同じことを言う。「主よ、もしあなたがここにいてくださったら、わたしの兄弟は死ななかったでしょう。」（21節）それは、生命そのものであるイエスがいるところに死が存在する余地はないと考えてのことであったという。ただしマリアは、イエスの足もとにひれ伏してこのように言った。この描写はマルタのときにはない。

マルタとの間であったような信仰をめぐるやりとりもない。かわってここでは、涙にくれるマリアをみて、イエスもこみあげる感情にうながされている。

墓に近づいたとき、イエスは涙を流した。トマスによれば、それは「キリストは真の神であるとともに、真の人間である」ことによるという。人が人の死に遭遇して、悲しみを覚えないのは、非人間的なことがらであるとも指摘される。

「ラザロをどこに葬ったか」（34節）——イエスがこのように尋ねたとき、マリアについてきたユダヤ人たちは、「主よ、来て、ご覧になってください」と答えた。

臨終の場に居合わせなかったからと言って、神的な力を持つイエスがラザロを葬った墓の場所を知らないはずがないとしたら、どうしてこのように尋ねたのであろうか。それは、知らなかったからでは無論なく、むしろイエスにラザロの墓を示すことを通して、人々にラザロが死んで墓に葬られたこ

とをはっきりと認めさせるためであったという。そうすることによって，人々にとってラザロの復活の奇跡は，奇跡として疑いの余地のないものになるからである。

「ああ，なんとラザロを愛しておられたことだろうか」（36節）── イエスの涙をみて，人々は言葉にも劣らない深い愛情の証を見て取ることができたという。そこからさらに，神の愛が罪の中にある人々にも及ぶことを読み取ることができるとする解釈もあるという。人の死は何らかの罪の結果であるとしても，「わたしが来たのは，正しい人を招くためではなく，罪人を招くためである」（マテオ 9,13）とまで言うことができたのは，人々を深く愛しているからとしか言えないとする解釈があることも指摘している。

（第 11 章 38 − 44 節）イエズスは，またもはげしい感情の高まりをおぼえながら，墓においでになった。墓は洞穴で，石でふさがれていた。イエズスが，「石を取りのけなさい」と言われると，死んだ人の姉妹マルタは，「主よ，もう臭くなっています。四日目ですから」と言った。イエズスは，「信じるなら，神の栄光を見ると，あなたに言ったではないか」と言われた。そこで，人々は石を取りのけた。イエズスは天に仰いで仰せになった。「父よ，わたしの願いを聞いてくださったことを感謝します。あなたがいつもわたしの願いを聞いてくださることを，わたしは知っておりました。しかし，わたしは，周りにいる人たちのためにこう申したのです。あなたがわたしをお遣わしになったことを，信じさせるためです」。こう言ってから，イエズスは大声で，「ラザロ，出て来なさい」と叫ばれた。すると，死んでいた人が手と足を布で縛られたまま出て来た。顔の周りは手拭いで縛られていた。イエズスは

人々に,「ほどいてやって,行かせなさい」と仰せられた。

第6講はラザロの復活について述べた箇所を扱っている。墓についたイエスは,墓の入り口をふさいでいる石を取り除くように言う。天を仰いで祈りを唱えたあと,イエスは大きな声で,墓に葬られているラザロに命じる。「外に出なさい。」すると,イエスの声に応じて,手足を布に巻かれたままのラザロが墓から出て来たのである。

墓の前でマルタが「におう」(39節)からと制したにもかかわらず,イエスが「石を取りのけなさい」(41節)と命じたのは,「信じるなら,あなたは神の栄光を見る」(40節)であろうという別の次元へと向かう道筋においてである。四日も前に埋葬された死体が悪臭を放つというのはいわば常識である。それは罪ゆえの病が,肉体の死をもたらし,肉体を腐敗させると考えられていたからである。

しかしここでは,そういった常識ではなく,「信仰の報い」として永遠の至福直観がもたらされることを確信する,恩寵の次元での論理が展開されている。肉体の死と生が,いわば精神の死と生に関することがらとして,恩寵によって罪が遠ざけられるという次元で捉え直されているのである。

イエスが大きな声をあげた理由は,異邦人や一部のユダヤ人たちが陥っていた誤謬を否定するためであったとされる。このひとたちは,死んだ人の魂は,身体と共に墓のなかに留まっていると主張していた。しかしイエスは大声をあげた。それは,魂がもはや墓の中には留まっておらず,遠く離れた

ところに行っていたために，大きな声を出して呼びかけなければならなかったからであったという。

あるいは，いっそう優れた説明として，イエスの声が大きかったのは，力の大きさの示すためであったという。その力は，死後四日も経っていたラザロを，眠りから起こすように，たやすく蘇らせることができるほどのものであったからである。またイエスが，大声で「ラザロ，外に出なさい」（43節）と叫んだのは，すべての死者に届く声を出して，その権能がすべての人に及ぶことを示すとともに，特にラザロを名指して蘇らせるためであったともいう。すべての死者に及ぶ力であったが故に，その力をラザロを復活させるだけに限定するために，特に名前を呼んでラザロを指名する必要があったというのである。

「すると，死んでいた人が手と足を布で縛られたまま出て来た」（44節）── トマスが用いたラテン語訳聖書には，「直ちに」（statim）出て来たとある。キリストの声の威力はきわめて大きく，死んでいた人に命を与えるために，時間の経過を要しないからである。キリストの再臨の時にも死者の復活は瞬時になされる。そのことがあらかじめ示されているという。

死んだ人を葬るとき，手足を布で縛り，顔のまわりを手拭いで縛るのは，この時代の一般的な慣習であったから，命じられて墓から出て来たラザロの様子は，死んでいた人が生き返ったことを確信させるものであった。

次いで，イエスは，ラザロを縛ったままになっている布を

ほどいてやるように命じ,「行かせてやりなさい」(44節) という。そうすれば,墓から出て来たラザロは,単なる幻影ではなく,死んだラザロ本人が元通りに生き返ったことが分かる。真の奇跡は,死者の幻を見せる魔術ではない。行かせてやれば,そのことが明らかになる。蘇ったラザロを身近で見,直接触れることができた人は,それが本物のラザロであること,真に復活の奇跡が行われたことが分かるであろう。イエスの言葉には,このような意味があるとトマスは注釈している。

さらに,墓の中のラザロがイエスの言葉に応じて,直ちに出て来たあとに,さらにその場にいたひとたち(弟子たち)も,イエスに言いつけられていることがあるところから,これらの一連のやりとりの中に次のような意味があることを読み取ることができるという。

すなわちある人たちは,キリストが自ら声を発してラザロを生き返らせるとともに,生き返ったラザロを縛っている布を解くように弟子たちに命じたのは,神と人の間にも,直接的な関係のほかに聖職者の仲介による関係があることを意味していると解釈したのである。それは恩寵によって魂に内的な生命を与える神のみが,罪を許し,永遠の罰を免れさせるのであるけれども,祭司たちもゆだねられた鍵の力によって人々を地上の罰から解き放つからであるという。

もっともトマス自身の見解によれば,この説は教会のもつ鍵についての説明が十分であるとは言い難いものであった。それは,恩寵がもたらされるのは,新しい法にもとづく秘跡

によることがらだからである。そこでトマスは，秘跡にかかわる聖職者と秘跡を受ける人々についていっそう詳しく述べるのである。

一人の人間の死と生が，イエス・キリストとの直接的な関わりの中で扱われるにとどまらず，それがキリストの弟子たちの集団やひいては教会のありかたに密接な関連を有していることがらであることが明瞭にされているのである。この点は注目に値する。

おわりに

『ヨハネ福音書講解』においてトマスは，ラザロの復活の奇跡は，神の栄光のためになされたはたらきであって，たとえ自然の中で行われたことであったにしても，その目指すところは，あくまでも自然のはたらきの場合とは別の次元に属しているとみている。

罪が死をもたらし，罪の赦しが生をもたらす。このような死生観が，中世ヨーロッパの思想において見出される。これが代表的な死生観であったかどうかは別にして，そこには何らかの仕方で，『聖書』の中の世界との重層性をもったキリスト教世界（Orbis Christianus）が存在していた。少なくとも西欧十三世紀を代表するキリスト教神学者の一人による聖書注解の中に，人間の生死に関するこのような思想を看て取ることができるのである。

生きとし生けるものは，やがて破局のときを迎え，不可逆の死によってすべての生者に別れを告げなければならない。

古今東西そのことをこの世の定めとして自覚しないものはいない。死後について教える「宗教」の普遍的な存在理由は、まさにここにあるとも言える。

それは死すべき生に伴う理不尽さを排除するための、合理的な説明の要請に応えることが「宗教」に期待されるということでもあった。信仰のもたらす喜びが、理性的存在としての人間に適う合理性を有する根拠は、この点にあると考えることができるからである。中世ヨーロッパにおいて、このような「宗教」の役割を果たしたのは、さしあたりキリスト教であった。

もっとも、死後のことがらにかかわる「宗教」の必要性を否定する思想もまた古くから存在している。デモクリトス（5C. B.C.）やその思想を継承したエピクロス（341B.C. - 270B.C.）が、アトミズムにもとづいて死後の生を全面的に否定する議論を展開したことは、周知のとおりである。「死はわれわれにとって存在しない。要素に分解されてしまえばわれわれは何も感じなくなるし、感じられないものはわれわれにとって存在しないのであるから。」（ディオゲネス・ラエルティオス『哲学者列伝』x,139）　死後の世界が存在するという想定に伴って生じる、謂われのない恐怖から人々を救済することになったという理由で、アトミズムにもとづく思想は高い評価を受けてきたのである。

しかしこの思想にあっても、生の破局としての死という概念そのものが否定されたわけではない。生きている間は死は存在せず、生の破局を迎えたときには、もはやわたし自身が

存在していない。そこで，改めてわたし自身の生の営みに着目し，死という破局に向かって進む生でしかないにしても，生きている間，常に心の平静（アタラクシア）を失うことなく節度をもって快楽を追求すべしという感覚主義が提唱されることにもなった。

これによれば，わたし自身はわたし自身の死を体験することができない。しかしそのことは裏を返せば，「わたし自身にとって」という限定をつけないかぎり，事実として死が生の破局として認識されているということでもあった。不可避の死に思いを致すことを促す「メメント・モリ（死を想え）」Memento mori は，中世ヨーロッパにおいてよく知られていた標語である。その言わんとするところは，もはや古代ローマにおいてそうであったように，死を忘れて生きることを勧めることではなかった。

死と生の決定的な対立を見出すだけにとどまらず，死を覚悟して行われる巡礼になぞらえられた人生において，常に死を意識しつつ，日々を送り，天のエルサレムを目指して歩みを進める人たちの表象が，しばしば中世ヨーロッパの写本に描かれている。それは，あくまでも時間的世界の中で，日常から非日常へと時空間を移動する姿である。生と死を隔てる境界の，此岸にいるこの人たちの姿は，同時に，彼岸の世界を志向する人たちの姿でもあって，日々の宗教生活は，その移行の確かな歩みだったのである。

ラザロを復活させたイエスは，宣教活動の最後の時に向かって，さらに歩みを進める。ラザロという一人の人間の死

と生は，キリストとの関わりの中で，重層化され，終りの時と結びつけられる。ラザロの復活をめぐる一連の記述は，間近に迫るキリストの死の意味を問い直させるからである。

　キリスト教に特有の死生観は，終末論的である。この終末論において，個人の死に関することがらがそれとして扱われるとともに，世界あるいは特に人類の歴史全体の終りに関することがらが，万物の第一原因にして究極目的である神の視点から統一的にとらえられる。イエス・キリストによってその到来が現実のものとされた「神の国」は，この世の終りにあますところなく実現される。というより，「神の国」が実現することによって，この世のすべてが破局を迎えるとされるのである。

＜補足＞

　「終末論」eschatologia という語そのものは，近年の造語であって，普及するのは十九世紀である。「終わり」を意味するギリシア語に由来している。死・審判・天国・地獄について考察するキリスト教神学の一部門を表わす名称として用いられており，十九世紀以降，特に盛んに研究されるようになった。しかしそこで考察される内容は，古くは福音書において，あるいは中世以来の組織神学において取り上げられてきたことがらであった。

　キリスト教神学に特有の終末論思想は，『ヨハネの黙示録』以来のものであるけれども，近年のプロテスタント神学者たち（シュバイツアー，ブルトマンら）によって盛んに研究され

ている。思想傾向から言えば、環境破壊が進んで地球の破滅を招くというような主張の背後にも、キリスト教的終末論が見え隠れしている。

しかしながら、それに先だって、組織神学が成立して以来、中世キリスト教神学においても、世界の終末に関する考察が展開されてきた。たとえばトマス・アクィナスの『神学大全』は、始原としての神の考察（第一部）の後に、終局としての神の考察（第二部）が続き、仲介者としてのキリストを主題として考察する第三部の最後に、キリストの再臨とすべての死者の復活と審判を取り上げている。神から出て、神に戻るという発出と還帰の過程が、キリスト論を加えて考察されるところにこの思想の特徴があることは言うまでもない。生きとし生けるものの創造と裁きに関する、このような神学的考察の中で、個々人の生死の問題もまた論じられているのである。

さらに付言するならば、終末論的な思想傾向は、キリスト教古代においても早い時期から顕著であった。先に取り上げた『ヨハネ福音書講解』第11章第4講の箇所で、マルタも「終りの日の復活の時に復活することを信じている」と告白している。

しかしながら、間近に迫る「主の日」にすべての死者が蘇り、審判を受けて、天国と地獄に分かたれるという、この世の終わりの切迫感は、次第に薄れてゆき、むしろ「主よ、いまこそあなたがイスラエルの国を復興なさるのですか」と尋ねた弟子たちに対して、復活したイエスが「父がご自分の権

能によって定めた時を知るのは，あなたがたのすることではない」と答えているのである（『使徒行録』1,6-7）。

後にアウグスティヌスが，この箇所に言及して，「この世に残されている年数を数えたり限ったりすることは無駄である。それを知るのはわたしたちのすることではない」（『神の国』第4巻）と指摘するにいたる。しかしその反面，「それにもかかわらず，主の昇天から最後の来臨まで，ある人々は四百年であると言い，ある人々は五百年，またある人々は千年と言っている。…彼らは人間の推測を用いているのであって，聖書聖典の権威に基づいて何か確かなことを示しているわけではない。」（前掲箇所）と補足しなければならなかったような事態も生じていた。アウグスティヌス（354-430）の時代以降も，ときおり表面化する異端の主張，たとえばフィオーレのヨアキム（12世紀）の千年王国説などがそれである。

参考文献

Thomas Aquinas, *Super Evangelium s. Ioannis lectura*, cura Raphaeris Cai, O.P., Marietti, 1951.

Thomas Aquinas, *Catena aurea in quatuor Evangelia*, I. Expositio in Mattaeum et Marcum, II. Expositio in Lucam et Ioannem, cura A. Guarienti, O.P., Marietti, 1953.

Augustinus, *De civitate Dei*, in Corpus Christianum series latina 47, 1955.

Diogenes Laertius, *Lives of Eminent Philosophers*, with an English Translation by R.D.Hicks, vol.II. Loeb Classical Library, 1925.

Cross, F.R. & Livingstone, E.A., *The Oxford Dictionary of the Christian Church*, Oxford, 1997.

フランシスコ会聖書研究所『聖書』, 原文からの批判的口語訳「ヨハネによる福音書」, 1969.

フランシスコ会聖書研究所訳注『新約聖書』, 1980.

水田英実「中世の〈旅する人〉―天のエルサレムと地のエルサレム―」『中世ヨーロッパの時空間移動』(共著者：原野昇, 水田英実, 山代宏道, 中尾佳行, 地村彰之, 四反田想) 渓水社, 2004, pp.177-207.

「尼僧院長の話」に見る
チョーサーの死生観

― ＜少年殉教＞と感覚に訴える表現 ―

中 尾 佳 行

1 はじめに：目的

　中世に生きる人にとって、死は現代に比べて遥かに近くにある。疫病に繰り返し襲われ（黒死病1348-50），なす術もなかった。怪我や病気に苦しんでも，医療設備が現代のように整っているわけではなかった。また度重なる戦争（百年戦争1337-453），暴動（農民一揆1381），そして政変 (Edward III, Richard II(1377-99), Henry IV 1399～) があり，治安は極めて不安定であった。人々は死の恐怖を感じ，また死を直接的にすぐ身近で観察した。このことは14世紀後期の宮廷詩人チョーサーにとっても，例外ではない。実際初期から後期まで多くの作品で死を取り扱っている。初期作品『公爵夫人の書』(*The Book of the Duchess*) では伝染病，ペストによる大人の死がいかに大の心を深く傷つけたかが描かれている。中期作品『トロイラスとクリセイデ』(*Troilus and Criseyde*) では，Troilus と Criseyde の愛の成就と破綻

がテーマで、裏切られた Troilus が愛に殉じてゆくプロセスが描かれている。直後の『善女列伝』(*The Legend of Good Women*) はその逆ヴァージョンで、女性が男性への一途な愛故に、男性に翻弄され、騙され、死んでゆくプロセスが描かれている。そして最後の作品『カンタベリー物語』(*The Canterbury Tales*) は２４の物語からなる作品集で、死は持続的なテーマないしモチーフとなっている。死はジャンルに合わせて様々な観点から扱われ、かつ相対化されている。しかし、チョーサーの最大の関心は、死の物理的・客観的な側面ではない。死に拍車をかける、死を意識して初めて浮上する、人間の精神ないし心理状態──生の在りよう──にあったように思える。

本稿で取り上げる「尼僧院長の話」(『カンタベリー物語』の一つ)もそのような話の一つで、死を介して浮上する人間の精神の在りよう（語り手のスタンス、主人公の少年の性格付け、聴衆の受容等）を探求している。この話のテーマは、＜少年殉教＞で、少年が聖母マリアを賛美する聖歌に深く感動し、かくして異教徒であるユダヤ人の反感を買い、殺される話である。チョーサーはここでどのように死と生の問題を扱っているか、物語のジャンルとその表現特性──感覚に訴える表現──の分析を通して、その一端を捉えてみたい。

2 『カンタベリー物語』における死

1で述べたように、『カンタベリー物語』において、死は持続的なテーマないしモチーフで、チョーサーは繰り返し取

り上げている。この物語は様々なジャンルの話で構成され，その分死も様々な形で扱われている。この物語は騎士が女性への愛故に戦い，死んでゆく世俗的なロマンスから始まる。以降，様々な死のタイプが描き出される。神への一途な愛故に異教徒に殺される殉教伝，運命の変転で死に至る悲劇，金銭欲故に友人同士が殺し合うはめになるという説話，等。そして最後は，人はいかにして死を迎え，天国に至るのか，という説教で締めくくられる。

『カンタベリー物語』での死の扱い方は大きく4つに分けられる。勿論これらは一つの作品に複合的に表われる場合もある。(物語の順序に沿った各話の死の扱い方は Appendix A を参照。)

1) a. 精神状態の在りようで，死がもたらされる

 i. 女性への愛によってもたらされる死：女性への愛故に人間関係が破綻し死に至る　　The Knight's Tale

 ii. 運命に変転でもたらされる死：運命の車輪の回転で幸福の絶頂にあるものが（精神状態：おごり，暴君，油断等）突如振り落とされ，死に至る　　The Monk's Tale

 iii. 純潔さの強さによってもたらされる死：純潔さを守るため悪人の恥辱を受ける前に父親が娘を殺す　　The Physician's Tale

 iv. 信仰心の強さによってもたらされる死：殉教——信仰心の強さから異教徒の反感を買い，殺される　　The Prioress's

Tale, The Second Nun's Tale

v. 金への執着でもたらされる死：金への強欲のために，お互いに殺しあう　The Friar's Tale, The Pardoner's Tale （Cf. 商売に懸命になるが，留守中彼の財産である妻を坊さんに寝取られる。The Shipman's Tale）

vi. 人間の衝動によってもたらされる死：短気故に大事にしている妻を殺してしまう　The Manciple's Tale

b. 精神状態の在りようで，死が回避される。

i. 暴行に対して報復しようとするが，理性を取り戻して思いとどまり，死（仕返し）が回避される　Melibee

ii. 信仰心の強さから，生命を脅かす度重なる冒険を克服し，最終的に幸せに至る。　The Man of Law's Tale

iii. 夫によって繰り返される妻の従順さを試す試練に（子供を取り上げ，あたかも殺すように振舞う），貞節心からことごとく応じ，最終的に夫が降参する（真相を明かす）ことで終わる　The Clerk's Tale

iv. 騎士が臆病心から，危険な活動（馬乗り，戦い等）を避け，結果死が回避される　Sir Thopas

c. 精神状態の在りようで，死後天国に受け入れられる（昇天）

i. 自ら起こした罪を悔悛し，浄化することで，天に迎え入れられる準備をする。　The Parson's Tale

d. 死が他者に与える心理的な影響（他者には作中人物だけでなく聴衆・読者も含まれる）

 i. 騎士 Arcite の死は，騎士 Palamon と宮廷貴婦人 Emelie の結婚を促し，調和が回復する。　The Knight's Tale
 ii. 少年の殉教死は，周囲の哀感を誘い，彼の母親，修道院長，そして聖母マリアすらも動かしてゆく。作中に留まらず，この話をきいた同行の巡礼者，宮廷の聴衆，そして現代の読者の心を動かしていく。　The Prioress's Tale
 iii. 夫である騎士 Phebus は妻の裏切りを知り，かっとなって自分の得意とする弓で射殺す。後々彼は自分の無知を後悔する。　The Manciple's Tale

　本稿で取り上げる「尼僧院長の話」は，1) a.iv に分類されるもので，少年がキリスト教への信仰心の強さから異教徒の反感を買い，殺される話である。『カンタベリー物語』は10の物語群からなるが，その中で，「尼僧院長の話」は7番目（Fragment VII）の物語群に入っている。既に述べたように『カンタベリー物語』には様々なジャンルの話があるが，この7つ目の物語群は，そのような問題意識を発展させ，ジャンル自体を主題化して扱っている。チョーサーはジャンルそ

れぞれの特徴を際立て，相互に対比するように提示している。「尼僧院長の話」の直前は金とセックスの話のファブリオーであり，直後の話は中世で最もポピュラーなロマンス——愛と冒険——のパロディである。ジャンルの問題はそれを表す特有の表現，つまりレジスターに依拠して探求されており，この表現の精査が必要不可欠となる。

以下では「尼僧院長の話」のジャンル，殉教者伝をその表現——感覚に訴える表現——との関連で捉えることで，チョーサーの死生観の一端を捉えてみたい。まずは殉教伝の特性を捉え，その後表現の問題を取り上げたい。

3 「尼僧院長の話」——概要

アジアでの話である。キリスト教徒の住むところに，金の貸し借りで重宝だということで，ユダヤ人居住区がある。キリスト教徒の未亡人に7歳の少年がいる。彼はユダヤ人居住区を通って，学校に通っている。学校で「救い主の優しき御母」(Alma Redemptoris (Gracious [mother] of the Redeemer) Appendix B を参照) の聖歌に触れ，感動する。先輩から懸命にそれを学ぶ。学校の行き帰り，それを暗誦する。

しかし，このことは悪魔を激怒させる。悪魔はユダヤ人の中に深く宿っている。悪魔は，少年の歌はユダヤの法に逆らっていると指摘する。ユダヤ人は殺し屋を雇う。この呪われたユダヤ人は少年の喉を切り，肥溜めに棄てる。

母は家に帰らない息子を心配し，あちらこちらを探す。遂

にユダヤ人の居住区，肥溜めの近くで息子を求めて叫ぶ。彼は喉を切られた状態で Alma Redemptoris をうたう。キリスト教徒の訴えで，長官はユダヤ人の殺人犯を捕える。法の裁きにそって，彼を馬で引き回した後，絞首刑にする。

修道院長は，聖歌を歌う少年に，喉が切られているのに，何故うたえるのかときく。少年は次のように答える。「マリア様が来て，この聖歌をうたうようにと言いました，うたうと種のようなものを一粒舌においてくれました，そしてその種が舌から取り払われたとき，自分を受け取りにくると言われました。」

修道院長はこの種をとる。少年は遂に死ぬ（昇天）。この殉教者を母が見守る中大理石の墓に埋葬する。リンカンでユダヤ人に殺されたヒューに次のことを祈願して物語は終わる。「キリスト様が弱く罪深い人間に対して慈悲の気持ちをいや増してくれますように，御母なるマリア様のためにも。」

4 中世における殉教者伝

殉教者は，齋藤 (2000: 211) によれば，キリスト教の信仰の証として自分の生命を死にさらした人で，次のフレームで規定される。

フレーム：生 → 肉体的な死（罪の浄化）→ 霊的に永遠の生を得る

殉教者に要求される3つの条件は下記の通りである。

① 肉体的な死を経験すること。

② その死が神の真理を求める生活に対して他者が抱く憎悪に
よってもたらされたものであること。
③ 死が護教のため自発的に受容たるべし，ということ。

　因みに，『カンタベリー物語』は，巡礼者がカンタベリー
大聖堂への行き帰りで，それぞれ二つの物語を語るという
想定で進行する。お参りしてご利益があると期待されるトマ
ス・ベケットはカンタベリー大聖堂で殉教している (Henry
II の教会政策に抗議し，彼の命により，4 人の刺客に殺され
た)。尼僧院長が話す殉教者伝は，この巡礼行の途中で話す
という点で，ふさわしいものである。トマスの殉教について
は Benson (1987: 799-80) を参照されたい。

Thomas Becket was martyred in 1170, canonized in 1173.
His shrine at Canterbury was rivaled only by Walsingham
as an object of pilgrimage until the Reformation.... St.
Thomas was especially associated with healing, and the wa-
ter from a miraculous well near his shrine was highly prized
for its curative powers.

5 「尼僧院長の話」——少年殉教 (ritual murder) の場合

　少年殉教のフレームは下記のように設定される。

生 → 肉体的な死（罪の浄化——少年の純粋無垢の状態が強調さ
れる）→ 霊的に永遠の生を得る

7歳の少年が Alma redemptoris mater... の聖歌をうたったために，悪魔・ユダヤ人に殺される。死後，聖母マリアのもとに召される。

チョーサーの話は③を除けば，殉教者伝の条件に合致している。(齋藤 2000: 212 参照。)

① 肉体的な死
② 聖母マリアを称える聖歌をうたったために，悪魔・ユダヤ人の憎悪を引き起こし，死がもたらされる。
③ 聖歌を歌ったことで，死が受身的に与えられる。(異教徒に改宗を迫られ，それ対し自発的に拒絶するといった記述は見られない。)

物語の少年と母，そしてキリストと聖母マリアとの間に対応性を読み込んでゆくと，少年殉教の陰影は更に深められる。

少年殉教・母の物語とキリストの死と聖母マリア

・少年がユダヤ人に裏切られ，殺され，そして天国へ → キリストがユダヤ人に裏切られ，殺され，復活へ
・少年の死を悲しむ母 → キリストの死を悲しむ聖母マリア

ところでこの物語には33の類話が認められている (Bryan and Dempster [by Carleton Brown] 1941: 447-85)。大きく3つに分かれる。チョーサーはC群に入る。

- A 少年はユダヤ人に殺されるが，ユダヤ人宅で見つけられ，最後には生き返る；ユダヤ人の改宗
- B 少年は聖歌隊員；少年の母親の描写の省略；少年は殺された後も聖母マリアの力で歌をうたい続ける；少年の歌を聞いたユダヤ人は罪を認め，改宗し洗礼を受ける。
- C 少年は7歳（学校に行き始める時期）と特定される；ユダヤ人による「儀式的殺人」のフレームが明確になる；少年は喉を切られた後も聖母マリアの奇跡で（彼女は少年の舌にユリの花/種/宝石を置く），歌をうたい続ける；少年の葬儀の詳細な描写。

しかし，本作品の展開は，史実から見れば，根拠の危うい俗信と偏見の上に成り立っている。一つはユダヤ人が行ったとするキリスト教徒の少年の「儀式的殺人」，そしてもう一つは中世における反ユダヤ主義である。

●ユダヤ人による「儀式的殺人」（俗信）

　　1144年 William of Norwich （俗信：12歳でユダヤ人に殺された殉教者）

　　1255年 Hugh of Lincoln （俗信：9歳でユダヤ人に殺された殉教者）――本作品の語り手，尼僧院長は物語の最後

で，それまで述べてきた少年に対応させるように，Hugh of Lincoln に呼びかけている。

「もちろんそういうことを言いたてるのは偏見による根も葉もない中傷で，13 世紀以来教皇によって何度も警告が発せられてきた。」（齋藤 2000: 189）

● 「他者が抱く憎悪」中世における反ユダヤ主義 (anti-Semitism)：俗信としてユダヤ人に貼り付けられた悪のイメージ

反ユダヤ主義のイメージは，ユダヤ人という民族を超えて，一般的な恐怖感として表象化されている（齋藤 2000 参照）——ユダヤ人，回教徒，不信心な人，異教徒，異端者，悪人（たとえ）

反ユダヤ主義を表す歴史的な事件としては次のものがある。

1190 年 ユダヤ人虐殺 (The Jews of Medieval York and The Massacre of March 1190, R. B. Dobson, 1974)

1290 年 ユダヤ人追放

チョーサーの時代では，「儀式的殺人」ないし反ユダヤ主義は，ユダヤ人追放以後のことで，実体験というよりは伝承からくる知識であったと考えられる。

6 少年殉教の表現特性——感覚に訴える表現

　殉教する少年の描写は，14世紀後期に流布した信徒教育の方法に習って，聴衆の理性というよりは感覚に訴える，悲哀感を誘発する書き方になっている。殉教者である少年は憐憫の情を掻き立てるように幼く純心無垢であることが強調され，他方，少年に憎悪を抱く他者，ユダヤ人は聴衆の嫌悪感をそそるように残虐・非道なものとして描かれている。感覚に訴える表現法は大きく二つの観点から考察できる。一つは，幼児から少年にかわったばかりの子供（7歳）の目線である。少年は自分の経験ないし感動を未だ十分に分化できず，知的に認識できていない。しかし未分化的とは言え何か真理を直感しているという段階である。子供は五感（視覚，聴覚，味覚，嗅覚，触覚）を通して何か重要なものを予感している。偏見のない子供には将来発展していく無限の可能性，もっと言えば，神性が宿っているのである。偶然かどうかわからないが尼僧院長が用いる感覚的な表現（チョーサーが使用した当時流行した情緒的な表現）は，成長段階にある子供の感性をクローズアップさせているように思える。子供当事者の目である。ロマン派の詩人，Wordsworthが本作品を現代語化したことはよく知られている（Hutchinson (rev. Ernest De Selincourt) 1989 を見よ）。ロマン派が子供の成長や発展の問題に関心を持ち，子供の発見をしていったことと軌を一にするように思える。チョーサーは子供の感性を十分に捉えていたからこそ，Wordsworthの意にかなったのではあるまいか。Brewer (1964:59) は，本作品でチョーサーは

子供を外側から見ている，子供の視点からは見ていない，母親の目から見ていると述べている。

> ... a boy of seven is more innocent than one of ten, more docile and eager to learn. With all this, we still see the child from outside and as it were, from above. We do not, as with nineteenth-century authors, attempt to enter into his view of the world. We do not feel with him; we feel with the mother, her joy in the child implied by her terror when he does not come home from school.

しかし，感覚に訴える表現に留意してみると，この見解は再検討してみる必要があるように思える。

二つ目の観点は，経験を未分化的に受容するのではなく，知的に分化し，高いところから眺望する大人の目線である。ここでは五感に訴える感覚的な表現は，理性的に価値を見極めてないものとして，批判の対象ともなる。Burnley (1979: 148) は，感情重視の表現法を下記のように述べて警告している。

> Pious emotionalism can at any time become arrayed against reason, so that fanaticism and individual fantasy follow, scorning scholarship, logic and authority alike. Although these are abuses of the Christian theological ethic, and the balance between reason and emotion which we saw in the previous chapter is generally maintained, yet, in the fourteenth century, excesses of pietism are exceedingly common. The love of pathos in literature is widespread, and preachers like Chaucer's Pardoner must often have relied more their

skills in moving a congregation than upon rational argument.

　Boyd (1987) は当該作品の批評史を試みているが，その批評の分かれ道は，上述の二つの目線のいずれを強調するかにあるように思える。感覚的な表現は諸刃の剣で，前者から見れば子供の感覚は肯定的に評価され，後者から見れば，批判（無知）の対象ともなるのである。詩人は，そのいずれにも組みせず，その決定は読者に委ねているように思える。以下では，感覚的な表現を五感に分類して，まず子供当事者の目線から，次いで大人の目線から考察してみよう。

(1) 子供の目線

1) 聴覚

　少年は母親から聖母マリアをうたうよう教えられる。少年は学校でマリアを讃える聖歌，Alma Redemptoris (Gracious [mother] of the Redeemer) を耳にし，感動する。

> Thus hath this wydwe hir litel sone ytaught
> Oure blissful Lady, Cristes mooder deere,
> To worshipe ay, and he forgat it naught,
> For sely child wol alday soone leere.
> But ay, whan I remembre on this mateere,
> Seint Nicholas stant evere in my presence,
>
> For he so yong to Crist dide reverence.
> This litel child, his litel book lernynge,
> As he sat in the scole at his prymer,

「尼僧院長の話」に見るチョーサーの死生観　83

He *Alma redemptoris* herde synge,
As children lerned hire antiphoner;
And as he dorste, he drough hym ner and ner,
And herkned ay the wordes and the noote,
Til he the firste vers koude al by rote.

Noght wiste he what this Latyn was to seye,
For he so yong and tendre was of age.
But on a day his felawe gan he preye
T'expounden hym this song in his langage, PriT VII 509-26
（チョーサー作品の引用及び省略名は Benson (1987) に依拠）

（このように，この寡婦は自分の小さな子供にわが聖なる淑女，キリストの愛するお母様を常に崇め敬うように教えていました，子供もその教えを決して忘れませんでした。だって，いい子というものはいつもすぐにおぼえるものですから。しかし，いつもわたしがこのことを思い出すごとに，ニコラス聖人様がわたしの面前にお立ちになります。それというのも，ニコラス聖人様はあのように若くしてキリスト様を尊崇なさいましたのですから。この小さな子供が，学校で祈祷書を前にして座って，彼の小さな本を学んでいると，「救い主のやさしき御母」の聖歌が歌われるのをききました。ちょうど，子供たちが賛美歌の本を学んでいた時です。すると，この子供は思い切って，さらに近づいていって，その言葉や節まわしを注意深く聞きました。しまいには，歌詞の始めをすっかりそらで覚えてしまいました。このラテン語が何の意味か彼はちっとも知りませんでした。彼はとても幼くて，年端もゆかない子供だったからです。だが，ある日のこと，この歌の意味を自分の言葉で説明してくれるように彼の友達に頼みました。）（本作品の日本語訳は桝井 (1995) による。）

語り手は，母親が言ったことをしっかり覚えている,「純朴な，神聖な」(sely) 子供はすぐにも学んでいく，と述べててる。偏見のない子供がすぐにも言葉に反応し，敏感に受容する様は，子供の感性を見事に見抜いている。このような少年の耳に聖母マリアの賛歌が入っていく。歌に近づき，その言葉と調子を掴もうとする態度は彼の感動の大きさを示している。ラテン語の意味は分からないが感動し，先輩からその意味を何とか聞き取ろうとする態度も，子供の真理への直感を示唆しているように思える。彼は先輩から何度もきいて，空でうたえるようになる。この音調の中に，少年はいつも聖母マリアのことを思っていたのである。

  On Cristes mooder set was his entente. PrT VII 550
  （キリストのお母上の上に彼の全身全霊が注がれていました。）

そして少年は，ユダヤ人街を通っての学校の行き帰りに心地よくいつもうたったのである。

  As I have seyd, thurghout the Juerie
 This litel child, as he cam to and fro,
 Ful murily than wolde he singe and crie
 O *Alma redemptoris* everemo. PrT VII 551-4

  （さて，わたしが申し上げましたように，この少年は，ユダヤ人街を往き来しているときに，非常に楽しそうに「救い主のやさしき御母」をいつも声をはりあげて歌ったものでした。）

少年が聴覚，つまり聖母マリアの賛歌を通して神性を感覚し，直感するプロセスが描かれている。

2）視覚

少年は，原典では単純に puer（少年）と呼ばれたところが，'litel sone', 'litel child'（ちっちゃい，かわいい，愛らしい，純心，何も知らない子供）と表されている。少年の小ささ（形状）が強調されている。小さな器であるものの霊的に偏りがなく，その中身には神性が宿っている（6(1) を参照）。litelは子供の形容によく使われ，Middle English Dictionary 2.(b) が言うように，「同情や感情（愛情）」を誘発する含意がある。

> MED s.v. litel 2.(b) of children and their physical parts, and young animals: small, not fully grown; young; with connotations of sympathy or affection: little, dear little; (c) in biblical use: young (as implying innocence or ignorance); childlike, innocent, ignorant; – children, ignorant or unlearned people
> (b) (c1390) Chaucer CT. ML. B.836, 838, (c1390) Chaucer CT Pri.B.1693: Among thise children was a wydwes sone, A litel clergeoun, seuen yeer of age. Ibid. 1872: And in a tombe .. Enclosen they this litel body swete. (c1395) Chaucer CT. Cl. E. 567: Haue here agayn youre litel, youge mayde.

「尼僧院長の話」から類例を挙げれば次の通りである。

a litel scole VII 495, a litel clergeon (schoolboy) VII 503, This litel child VII 552, I kan but small grammeere, VII

536, my prymer VII 541, this innocent VII 538, 566, 635, hire litel child VII 587, 596, This yonge child VII 644, O deere child VII 645, My litel child VII 667, hire litel body swete VII 682

因みに sely (至福の状態にいる,純潔,純朴,無防備な子供) も同類の文脈に使われており注意を要する。この語は殉教者伝に常套的な形容詞で,ヒロインやヒーローの純潔さと犠牲者としての側面を強調する,聴衆の哀感を誘う表現である。

> þer ha heuen up / hare honden to heouene; / & swa somet readliche, / þurh seli martirdom, / ferden, wið murðe, / icrunet, to Criste, / o þe þreottuðe dei / of Nouembres moneð *Life of Saint Katherine*, 1407-14 (There they lifted up their hands of heaven; and so together readily, through blessed martyrdom, went, with joy, crowned to Christ, on the thirteenth day of the month of November.)

ユダヤ人は少年ののどを掻ききって,肥溜め (PrT VII 571 pit) にすてる。暗いイメージには悪がつきまとう。これに対し少年は光り輝く大理石の墓に埋葬される。

> And in a tombe of marbul stones cleere
> Enclosen they his litel body sweete. PrT VII 681-2.
> (そして輝くばかりの大理石の墓の中に,この少年の美しい小さい体を埋めました。
> ＊桝井訳は「うつくしい」だが「芳しい」がよいのではないか。6(1) 4) の嗅覚を参照)

明暗の対照は善悪の対照を暗示している。

3）味覚

　少年の心に聖母マリアの甘さ・心地よさ・優しさが彼の心を貫いていく。この甘さは，味覚だけでなく，芳香として，6(1) 4) で述べる嗅覚にも深く係わる。物理的な意味から比喩的な意味（優しさ，芳香が暗示する聖性）への意味の広がりがある。swete/swetnesse は，Masui (1988: 103) が指摘するように，物語の重要な転換点で用いられている。

●少年の歌がユダヤ人の反感をかい，彼の喉が切られる直前で—聖母マリアに言及

>　**The swetnesse** his herte perced so　（筆者の強調）
>　**Of Cristes mooder** that, to hire to preye,
>　He kan nat stynte of syngyng by the weye. PrT VII 555-7
>　（キリストのお母様の優しさが彼の心に突き刺すように深くふれたので，彼女にお祈りをするために，少年は道すがら歌うのをやめることができないのです。）

●少年の喉が切られた後で—聖母マリアに言及

>　"This welle of mercy, **Cristes mooder sweete**,
>　I loved alwey, as after my konnynge; PrT VII 656-7
>　（この慈悲の源，キリスト様の美わしの御母様をわたしは能う限りいつも愛しておりました。）

●少年の死後—少年自体に言及（少年と聖母マリアの同化，殉教の完成）

>　And in a tombe of marbul stones cleere
>　Enclosen they **his litel body sweete**.

Ther he is now, God leve us for to meete! PrT VII 681-3

(そして輝くばかりの大理石の中にこの少年の美しい小さい体を埋めました。神様，願わくばこの少年のいる場所でわたしたちが相見ることのできますように！)

原典の Venson 写本 (Bodleian MS 3938; ca 1380) (C 5) でも少年にまた聖母マリアに swete が用いられている。(Bryan and Dempster 1841: 470-4 を参照。)

＜子供の声＞ ＜子供の歌の音色＞
þe Childes vois was **swete** and cler,
Men lusted his song wiþ riht good cher;
Wiþ his song þat was ful **swete** 15-7

＜子供の歌声＞
　Anon þat lilie out was taken,
þe childes song bi-gon to slaken,
þat **swete** song was herd no more; 125-7

＜聖母マリア＞
þe child hedde i-seruet vr **swete** ladi,　子供による聖母マリアへの献身
þat worschipede him so on erþe her
And brouhte his soule to blisse al cler. 144-6

Now, Marie, for þi Muchele miht
Help vs to heuene þat is so briht! 151-2

更に, swete は 14 世紀の宗教的抒情詩において, キリストやマリアの形容にしばしば用いられ, 情緒的な効果をあげ

ている。池上 (2001: 335) は「キリストの言葉を芳香に喩えるだけではなく、キリスト自身が芳香につつまれている、との考えも中世後期には広く普及した」と述べている。

＜イエス・キリスト＞
Swete ihesu cryst, goddis sone of lyue,
þin passion, þin croys, þin croys, þin ded, þin wondes five
Beelde us houre sinful soules in þin iugement, The Hours of
the Cross, 1-3

＜聖母マリア＞
Sertes, **swete**, on ȝou is al
Min heplyng at my ending-day;
þat I be not þe fendes þral,
Marie, to ȝor sone ȝe pray.
Hou schal I do, my swete may,
But ȝif I loue ȝou souereynly? A Song of Love to the Blessed
Virgin 17-22

4）嗅覚

聖母マリアや殉教した少年が芳香で特徴付けられるとすると、ユダヤ人ないし悪なるものは悪臭で特徴付けられている。ユダヤ人は、聴衆の否定的な感覚をあおる言い方になっている。ユダヤ人の心の中に蛇なる悪魔が雀蜂の巣を作っているというメタファー、「呪われた」ユダヤ人という嫌悪感をつのる形容辞、そして少年の喉を掻ききり、肥溜め (pit) に捨てるという具象的な描写がそうである。肥溜めは 6(1)2) では視覚（暗さ）に関係して取り上げたが、嗅覚（臭さ）にも関係している。

Oure firste foo, the serpent Sathanas,
That hath in Jues herte his waspes nest,
Up swal, and seide, "O Herbrayk peple, allas!
Is this to yow a thyng that is honest,
That swich a boy shal walken as hym lest
In youre despit, and synge of swich sentence,
Which is agayn youre lawes reverence?"

Fro thennes forth the Jues han conspired
This innocent out of this world to chace.
An homycide therto han they hyred,
That in an aleye hadde a privee place;
And as the child gan forby for to pace,
This cursed Jew hym hente, and heeld hym faste,
And kitte his throte, and in a pit hym caste.

I seye that in a wardrobe they hym threwe
Where as thise Jewes purgen hire entraille. PrT VII 558-73
(ユダヤ人の心の中に自分の雀蜂の巣を持ちえる，われらの人類の初めての敵，かの悪魔の蛇がふくれあがった鎌首をもたげ言いました。「おお，ヘブライの者たちよ！見よ，これがお前たちにとって名誉となることか。このような少年が，お前たちを軽蔑し，思いのままに歩きまわって，お前たちの掟に反する歌をうたったりするとは」このときから，このユダヤ人たちは，汚れなきこの少年をこの地上から追い払おうと謀議をこらしました。彼らは，袋小路に秘密の隠れ家をもっていた殺し屋をそのために雇いました。そして少年が近くを通り過ぎた時，この呪うべきユダヤ人は少年を捕らえ，しっかりと抑え，喉をかき切って穴の中に投げすてたのでした。わたしは申し上げます。彼らは自分たちが排泄物をおとす便所の中にこの少年を投げ込んだのです。)

池上 (2001: 338-9) は「悪臭のレッテル」として次のように述べている。

> まず，悪魔や魔女の悪臭がある。。。。それからもう一つ典型的なのは，ユダヤ人を差別する悪臭である。十二世紀頃より儀礼殺人――ユダヤ人が儀式の中でキリスト教徒の子供を殺しているとされた――や聖体冒涜の嫌疑に加えて，ユダヤ人は聖母マリアの図像の上に排便しているという噂が広まった。ユダヤ人に「臭い」というレッテルを貼ることで，その差別意識を，感情を煽る決定的なものにしたのである。

善悪のクリアカットな分節は子供の成長の初歩段階を示すように思える。

5）触覚

下記の用例の前後関係を示しておこう。母は家に帰らない息子を心配し，あちらこちら探す。遂にユダヤ人の居住区，肥溜めの近くに来，息子を求めて叫ぶ。彼は喉を切られた状態で Alma Redemptoris をうたう。キリスト教徒の訴えで，長官は即座に対応し，ユダヤ人の殺人犯を捕える。法の裁きにそって，彼を馬で引き回した後，絞首刑にする。修道院長は，聖歌をうたう少年に，喉が切られているのに，何故歌えるのかときく。少年は次のように答える。

> "This welle of mercy, Cristes mooder sweete,
> I loved alwey, as after my konnynge;
> And whan that I my lyf sholde forlete,
> To me she cam, and bad me for to synge
> This anthem verraily in my deyynge,

As ye han herd, and whan that I hadde songe,
Me thoughte she leyde a greyn upon my tonge.

"Wherfore I synge, and synge moot certeyn,
In honour of that blisful Mayden free
Til fro my tonge of taken is the greyn;
And after that thus seyde she to me:
'My litel child, now wol I fecche thee,
Whan that the greyn is fro thy tonge ytake.
Be nat agast; I wol thee nat forsake.' " PrT VII 656-69

　　（この慈悲の泉，キリスト様の美わしのお母上を，わたしは能う限りいつも愛しておりました。わたしが命を失おうとする時に，わたしのもとにお母上がおいでになって，この賛美歌をまさにわたしの死に際に歌うようにわたしにいいつけられました。あなたがお聞きになりましたように。そしてわたしが歌うと，彼女はわたしの舌の上に種の一粒を置かれたように思われました。それゆえにわたしは歌います。必ず歌わなければなりません。かの聖なる気高い処女を崇めるために，わたしの舌からその粒がとり払われるまで。そのあとで彼女はわたしにこのように言われました。「わたしの小さな子よ，その粒がお前の舌から取り払われるときに，わたしはお前を受け取りに参ります。恐れることはありません。わたしはお前を見捨てることはありません。」）

少年が喉を切られるという肉体の致命傷をおってもうたえるということは，キリストが十字架にかけられ肉体の致命傷をおっても復活するということを彷彿とさせる。また少年が舌の上に感じるマリアが置いた一粒の種 (greyn PrT VII 662, 665, 671) は，従来多くの解釈（「喉の飲料剤」，「神と子羊に献げられた初の収穫」,「多くの grain であり，あまねく世

界に散らされたもの」,「天の通路」など)を許してきている(齋藤2000: 213-22)。この一粒の種の中に今後子供が成長していく全ての能力が宿っていることを示唆していないか。つまり神性である。この種と引き換えに聖母マリアは永遠の生命を彼に与えたのである。

修道院長がこの穀物をとると,少年は死ぬ。この殉教者を母が見守る中大理石の墓に埋葬する。

> And in a tombe of marbul stones cleere
> Enclosen they his litel body sweete.
> Ther he is now, God leve us for to meete! PrT VII 681-3

ここには視覚(大理石の輝かしい色,ちっちゃな体),触覚(ちっちゃな体が宿る墓の中),味覚(甘い,心地よい),嗅覚(少年の香しい体——聖母マリアとの一体化)が重なり合っている。

(2) 大人の目線

1) 物語を閉じる,リンカーンでユダヤ人に殺されたヒューへの祈り

> O yonge Hugh of Lyncoln, slayn also
> With cursed Jewes, as it is notable,
> For it is but a litel while ago,
> Preye eek for us, we synful folk unstable,
> That of his mercy God so merciable
> On us his grete mercy multiplie,
> For reverence of his mooder Marie. Amen PrT VII 684-90

（おお，リンカーンの若きヒューよ，おまえは呪われたユダヤ人たちに，この少年と同じように虐殺されたのです！その話は今も悪名が高い。それはついしばらく前のことです。どうかわしたち罪深い心弱き者たちのために祈ってください。恵み深い神様がその御恵みを通してわたしたちの上に偉大なる慈悲をいや増されんことを，御母マリア様を崇めまつるために。アーメン。）

リンカーンのヒューは，尼僧院長ではユダヤ人に儀式的に殺されて殉教した少年という前提に立っている。もしChaucerがこの俗信（バラッドでもうたわれていた；Quiller-Couch: 353-55）を信ずるのではなく，この事件は根も葉もないことと知っていたとすると（ユダヤ人ではなく，この噂を流したものこそ責任がある），この引用は感傷とアイロニーが同居する極めてambivalentな表現になる。

2）「尼僧院長の話」と語り手の視点

　マリア賛歌の記述に対して尼僧院長の視点，'quod she'が挿入されている（『カンタベリー物語』総序の尼僧院長の性格描写については，Appendix Cを参照）。

> O Lord, oure Lord, thy name how merveillous
> Is in this large world ysprad—quod she—
> For noght oonly thy laude precious
> Parfourned is by men of dignitee,
> But by the mouth of children thy bountee
> Parfourned is, for on the brest soukynge
> Somtyme shewen they thyn heriynge.
> 　　　　　(Prologue of the Prioress's Tale VII 453-9)

（「おお，主，われらの主よ，汝の驚くべき名は，なんとこの広い世界のすみずみにまで，行き渡っていることでしょう。」と彼女は言いました。「それというのも単に，汝の高貴な賞賛が著名な人たちによってとなえられているだけでなく，幼な子たちの口々からも，汝の恵み深さが賞め讃えられているからです。乳を吸いながらでも，幼な子たちは時に汝の賞賛を表しているのです。)

O martir, sowded to virginitee,
Now maystow syngen, folwynge evere in oon
The white Lamb celestial—quod she—
Of which the grete evaungelist, Seint John,
In Pathmos wroot, which seith that they that goon
Biforn this Lamb and synge a song al newe,
That nevere, fleshly, wommen they ne knewe.　PrT VII 579-85
　（処女マリアと一つに結ばれた殉教者よ，さあ，絶えず天の子羊のあとに従い，歌をうたうがよい——と彼女は言いました——かの偉大な福音書の作者聖ヨハネが，この子羊のことをパトモスにおいて書き記しました。それには，この子羊の前を歩み，歌を清らかにうたう者は，一度も女の肉体に触れたことはないと言っています。)

Benson (1987: 915-6) によれば，'quod she' は尼僧院長の見方の限界点を，ないし詩人が物語の道徳的な汚点から一歩距離を置こうとしていることを示している。

　This suggests adaptation of the tale to its context. The phrase echoes ProPrT VII.454 and emphasizes the speaker's presence. It has been seen as a means of indicating the Prioress's limitations, questioning her tale, making clear its expression of innocent belief, or the poet's desire to dissociate himself from its moral taint.

3）『カンタベリー物語』の Fragment VII——ジャンルの相対化

　物語群 VII は様々なジャンルの物語の集約で，それぞれが相対的に例示されている。

　「尼僧院長の話」の直前は金とセックスの話のファブリオーであり，直後の話は中世で最もポピュラーなロマンス——愛と冒険——のパロディである。ジャンルの問題はそれを表す特有の表現，つまりレジスターに依拠して探求されている。物語群全体を相互照射してみると，「尼僧院長の話」における感覚に訴える表現は，「殉教者伝」のジャンル特徴としてそれ自体が主題化（パロディ化）して捉えられる可能性がある。同様にここでは善悪の単純な二分法，偏見ないし狂信的とも言える態度が浮かび上がってくる。

7 結び

　『カンタベリー物語』の死は，病気・ケガという物理的・客観的なものではなく，精神状態の様々な在りようでもたらされている。「尼僧院長の話」では，少年殉教をテーマにし，純心な子供が，聖母マリアを讃える歌に感動し，そしてそれ故にユダヤ人の反感をかい殺されることが描かれている。本作品での感覚的な表現は，子供の目線と高い立場からの大人の目線を許している。子供の目線は，五感に類別して考察した。子供の未分化的とは言え聖母マリアの歌に感動し，その

価値を直感する姿は，子供に宿る神性のようなものを髣髴とさせていた。他方，高い立場から，つまり物語群VIIがジャンルを主題化している点を考慮すると，感傷主義や狂信的とも言える態度が浮かび上がってきた。尼僧院長の感覚に訴える手法は，一面をハイライトするものの，ともすれば他面を見落とすことになりかねない。読者は視点の動きに応じていずれかの立場で読み取ったと結論付けられる。

Appendix A 『カンタベリー物語』における死の扱い (物語群 (Fragment) I〜X)

Fragment I

<u>The Knight's Tale</u> 騎士道ロマンスにおいて二人の騎士，PalamonとArciteが恋人Emelyeを争って馬上槍し合いをする。Arciteは死に，PalamonとEmelyeは結婚する。

<u>The Miller's Tale</u> 庶民版ロマンスで下宿屋の主人，Johnの目を盗んで学僧Nicholasと主人の女房，Alisounが結ばれる。Johnは学僧にノアの洪水が起こると脅され，樽を天井からつるし，避難する。居眠りをしている間に間男される。

<u>The Reeve's Tale</u> ケンブリッジ大学の学僧，AlanとJohnは粉屋に平生粉をくすめられている。彼らはくすめられないように粉屋のやり方を観察するが，彼らの馬を逃がされ，まんまとくすめられることになる。馬を探しているうちに夜になり，粉屋にお金を払うからということで，彼の家に泊めて

もらうことになる。彼は粉屋の娘と女房をまんまとくすね取り，彼に報復することで話は終わる。

Fragment II

<u>The Man of Law's Tale</u> ローマ皇帝の娘，Constance は，回教徒のシリアのサルタンと結婚する。彼の母により夫が殺害される。彼女は一人海に流されるが奇跡的に助かり，ノサンブランドの城代，アラ王のもとに身を寄せ，再度結婚する。子供をもうけるが，彼の母の嫉妬で，再度海に子供と共に流される。度重なる試練の中で死と背中合わせになるが，神に対する信仰心の厚さから，乗り越えてゆく。最終的には別れを強いられていた夫と再会し，ハッピイエンドに終わる。

Fragment III

<u>The Wife of Bath's Tale</u> 女性を強姦したアーサー王宮廷の騎士は裁判にかけられ，1年以内に女性が何を最も望んでいるかを探せないと，死刑になることが決められる。老婆から「男性を支配することである」という答えをきく。もし正しければ後で彼女と結婚するという条件で。この答えは正しいもので，彼の命は助けられる。しかし正答なら結婚するよう約束されていたわけで，騎士は再度悩むことになる。人間を見かけで判断してはいけないという老婆の説教に説得され，結婚を決意したところで，老婆にかかっていた魔法がとけ彼女は美女に変身する。かくしてハッピイエンドで終わる。

The Friar's Tale　強欲の召喚吏が悪魔と共に餌食を定め，老婆の家にいき，罪をでっちあげ金銭を巻き上げようとする。老婆は怒り，召喚吏が自分の非を認めないと，召喚吏と鍋釜全て悪魔がもっていくとよい，という。召喚吏は改めることはなく，結果，悪魔により彼は地獄落ちを強いられることになる。

The Summoner's Tale　欲得の托鉢層が，病気で伏せる門徒に金を寄進させよう（巻き上げよう）とするが，彼から屁を金代わりにもらい受け，それを僧院に帰り平等にわけるはめになる。

Fragment IV

The Clerk's Tale　Griselde は夫の荒唐無稽の試しを繰り返し受けるが，つまり我が子の死をつきつけらえても夫の命に従い，離婚をつきつけられても，また新妻を迎える時の世話係りを命ぜられても従順に従う。最終的には夫は妻の忍耐と従順さに折れ，全ての事実，つまり妻の従順さを試すために嘘をついていたことを明らかにする。

The Merchant's Tale　ロンバルデイアの60歳の老騎士はこれまで女性への快楽にふけってきた，突如結婚を思いつき，若い妻を娶る。彼の精神的な無知は肉体に及び，目が見えなくなる。彼の打算的な結婚は彼の妻による打算的な仕打ちを導く。若妻と彼の近習 Damyan との浮気を，皮肉にもこの浮気を介して，生命の誕生を促すことになる。

Fragment V

<u>The Squire's Tale</u> モンゴルの王, ジンギスカーンの基が催す彼の誕生を祝う祭り日に, シンチュウの馬に乗った不思議な騎士がやってくる。王の娘 Canace 姫は彼から魔法の道具をプレゼントされ, 不思議な冒険をする。鳥の話を理解できるという魔法の指輪を通して, 姫は失恋したはやぶさとコミュニケーションし, 同情し, 彼女を介抱する。彼女の優しさがハイライトされる。未完に終わる。

<u>The Franklin's Tale</u> ブリタニーの騎士アルベラグスは妻のドリゲンから離れ, 英国に騎士の修行の旅に出る。ドリゲンは夫の留守のとき, 近習アウレリィウスに求愛され, 日頃恐れていた海の黒い岩がなくなったら恋をかなえようと言う。近習は大金を支払い魔術師に頼んで, 岩を消してもらう。帰宅した騎士に妻は事件を伝える。騎士は妻に真実を果たすように命じる。近習は彼女の夫の真実に同情し, 彼女を許す。近習は魔術師に真実を伝える。彼は騎士, 近習の真実を知って, 彼も近習を許す。お互い, 葛藤の中, 自分にプラスになるのではなく, 相手にとってよりプラスになる, より高度な真実を選んで, 物語は展開する。

Fragment VI

<u>The Physician's Tale</u> リビアの騎士 Virginius の娘の Virginia は, 悪裁判官に見初められる。悪裁判官は, 彼女の娘はクローデイアスという男の召使であって, Virginius に彼女

が若いときさらわれたのだと，でっちあげる。そして彼に娘を差し出すよう命じる。父親は娘に事の真相を伝え，恥じか死をとるかいずれかであると伝える。父親は彼女の純潔さを守るために，また愛の深さゆえに葛藤しながら彼女を殺す。

The Pardoner's Tale フランダースの3人のごろつきは，兄弟のように誓いを立て，多くの者を殺してきた憎らしき「死」を探し出し，報復しようとする。途中老人に会い，彼から「死」はここから見える樫の木の下で見たときく。木の下に行ってみると，大枚の金貨を見つける。彼らはすっかり「死」のことは忘れてしまう。彼らはお金を独り占めにするため，二人は共謀して一人を殺し，その一人の手による毒入り葡萄酒を飲んで，二人は生き絶える。お金が「死」であったのである。

Fragment VII
The Shipman's Tale パリの北，セイントデニスの商人は金持ちで人が見るに賢人であった。商人は仕事に熱心で抜け目なく成功しているが，彼の足元にある最も大事な財産，妻を修道層に寝取られてしまう（大事なものを失う）。

The Prioress's Tale マリアの賛歌に感動し，うたう少年は，ユダヤ人の反感を買い，殺される。少年は殺されてもしばらく歌をうたいつづけ，司教が舌にある grain を除くと歌をやめ，天国に迎えられる。

The Tale of Sir Thopas (by Chaucer) トパス卿のロマンスと冒険話。騎士でありながら闘うのが怖く，様相も，持ち物（馬の種類），態度（馬の乗り方，闘い方）も女性のようにまた子供のように，矮小化されている。

The Tale of Melibee (by Chaucer) 歓楽を耽った Melibee は，娘 Sophie が暴漢に襲われ大怪我をしてしまう。Melibee は復讐しようとするが，妻 Prudence に数々の教訓でいさめられ，理性を取り戻し何とか思いとどまる。

The Monk's Tale 悲劇の話。高い身分のものが突如最も低い状況に落とされる。運命の車輪の回転で，幸せの絶頂から不幸のどん底，死に転落する。サムソン，ヘラクレス，ネロ，シーザー等。（悲劇的な死を簡潔にまとめたアンソロジー）

The Nun's Priest's Tale にわとりのつがいが貧乏人の家の狭い庭に住んでいる。Chaunticleer は声がきれいと狐に言われ，そのうぬぼれ故にだまされ食べられそうになる。しかし，自分をくわえている狐に対し，Chaunticleer は，追ってくる者に，「帰れ，森のはずれまできている，ここでにわとりを食べるんだと言ってやれ」，と言う。狐が「そうしよう」と言った好きに何とか逃げることができる。お互いプライドをくすぐられたちょっとした油断がもとでて痛い目にあう。

＊「尼僧院長の話」は前後の作品の世俗性やパロディ性を

批判し，本来あるべき価値を志向するよう促すのか，それとも前後の作品により「尼僧院長の話」自体が俗的なまたパロディ的な位置に引き下げられるのか。

Fragment VIII
<u>The Second Nun's Tale</u> ローマ人を先祖にする Cecilie は結婚するが，夫が自分の肉体に触れることがきでないことを告げる。もしそうしたら天子が夫を殺すと言う。夫は天子に会いたいと言い，会うことによって，キリスト教に改宗する。夫の弟もそうする。このことを知って，ローマの法の執政官は彼らを捕え，長官 (prefect)Almache のところに連れていく。彼は異教の神ジュピターへの改宗を迫るが，彼らは拒否し，殺されてしまう。

<u>The Canon's Yeoman's Tale</u> 錬金術師の徒弟は，錬金術を師から習得しようとするが，彼からだまされ，やればやるだけ心が腐ってゆく。心がくさり無一文になって終わる。

Fragment IX
<u>The Manciple's Tale</u> 妻の裏切りを飼っていたペットのカラスから告げられ，かっとなって妻を得意な弓で射殺してしまう。後悔するが，後の祭りである。妻の殺人を巡って様々な知恵（人間の本性，くちをかたく閉じよ，等）がハイライトされる。

Fragment X

<u>The Parson's Tale</u> 人間が天国へ入る前にどのように振舞ったらよいのか，告解と7大罪及びその治療方法の説教が行われる。人間がいかに罪を浄化し天国へ迎えられるが示される。死をいかに受け入れるか，一種の terminal care の話である。

Appendix B : Alma Redemptoris

　＊待降節から聖母お潔めの祝日（2月2日）まで詠われる典礼交誦の一つ。「救い主の聖なるおん母，天の通路よ。あなたはかわることのない門，海の星。助けたまえ倒れても，まだ起きあがろうとする民を云々」　（斎藤 (2000: 203-4)）

原典で最もよく用いられているのは，Alma Redemptoris Mater ではなく，Gauda Maria であり，そこではユダヤ人に敵意をいただかせる内容が含まれている。

Boyd (1987: 15)

The mainspring of the clergeon tale as a miracle of the Virgin is not the singer's innocence but his Marian hymn and its effect on the Jews. In Chaucer's version the clergeon's hymn is "Alma Redemptoris Mater," one of the major antiphons in the church's liturgy, an antiphon being a short piece of chant before or after a Psalm or other sacred reading, amplifying its theme and intended to be sung by answering choirs. Since in later times the "Alma" was the Marian antiphon used in the liturgy between the first vespers of the Saturday before the first Sunday of Advent and the second vespers of the Feast of the Purification (February 8), Hamilton (1939) sees Chaucer's selection of the "Alma" for the clergeon's hymn as evidence supporting the possibility that some Childermas (i.e. Holy Innocents' Day) celebration had inspired Chaucer to write PrSeq (Prioress's Sequence).

The Holy Innocents' Day: 罪なき嬰児（みどりこ）殉教の日, 無辜（むこ）聖嬰児（せいえいじ）の日（Herod 王の命令で Bethlehem 中の幼児が殺された記念日で 12 月 28 日）
cf. Matthew 2. 16.

Boyd (1987: 16) Alma redemptoris mater

Alma redemptoris mater, quae pervia caeli Porta manes,
Et stella maris, sucure cadenti surgere qui curat populo:
Tuquae genuisti Natura mirante, tuum sanctum genitorem:
Virgo prius ac posterius, Gabrielis ab ore sumens illud Ave,
peccatorum miserere.

Appendix C: 「尼僧院長の話」——彼女の視点の明記 'quod she'

詩人ではなく, 尼僧院長の見方の問題か。つまり語り手と作者の間に距離があるのか。総序 (General Prologue) での

尼僧院長の紹介では彼女の異常なまでの心の柔らかさ，感傷性が強調されている。

> But for to speken of hire conscience,
> She was so charitable and so pitous
> She wolde wepe, if that she saugh a mous
> Kaught in a trappe, if it were deed or bledde. General Prologue I (A) 142-5
> And al was conscience and tendre herte. Ibid., 150

参考文献

Benson, Larry D. ed. 1987. *The Riverside Chaucer: Third Edition Based on The Works of Geoffrey Chaucer Edited by F. N. Robinson.* Boston: Houghton Mifflin Company.

Besserman, Lawrence, 2001. "Idelology, Antisemitism, and Chaucer's *Prioress's Tale*." *The Chaucer Review,* Vol. 36, No.1, 48-72.

Boyd, Beverly. ed. 1987. *The Variorum Edition of the Works of Geoffrey Chaucer. Volume II The Canterbury Tales Part Twenty: The Prioress's Tale.* Norman and London: University of Oklahoma Press.

Brewer, D. S. 1964. "Children in Chaucer". *A Review of English Literature,* Vol. 5, Number 3, 52-60.

Brown, Carleton. ed. 1952. *Religious Lyrics of the XIVth Century.* [2nd edn.] Oxford: At the Clarendon Press.

Bryan, W. F. and Germaine Dempster. 1941. *Sources and Analogues of Chaucer's Canterbury Tales.* London: Routledge & Kegan Paul LTD.

Burnley, D. 1979. *Chaucer's Language and the Philosophers' Tradition.* Chaucer Studies ii. Cambridge: D.S.Brewer

Dobson, R. B. 1974. "The Jews of Medieval York and the Massarcre of March 1190". *Borthwick Papers* 45, 1-50.

Einekel, Eugen. ed. 1884. *The Life of Saint Katherine.* EETS OS, 80. [Kraus Reprint Co. Millwood, N.Y. 1978]

Heffernan, Carol F. 2004. "Praying before the Image of Mary: Chaucer's Prioress's Tale, VII 502-12". *The Chaucer Review*, Vol. 39, No. 1, 103-16.

Hutchinson, Thomas ed. (rev. Ernest De Selincourt). 1989. *Wordsworth—Poetical Works.* Oxford/NewYork: Oxford University Press.

池上俊一. 2001. 『身体の中世』東京: ちくま学芸文庫.

Kurath, H., S. M. Kuhn, and R. E. Lewis. eds. 1952–2001. *Middle English Dictionary.* Ann Arbor: The University of Michigan Press.

Masui, Michio. 1988 *Studies in Chaucer's Language of Feeling.* Tokyo: Kinseido.

桝井迪夫訳. 1995. 『カンタベリー物語』(中) 東京:岩波書店.

Menache, Sophia. 1987. "The king, the Church and the Jews: some considerations on the expulsions from England and France." *Journal of Medieaval History* 13, 223-36.

中尾佳行. 2004. 『Chaucer の曖昧性の構造』東京:松柏社.

Narin van Court, Elisa. 1995. "The Siege of Jerusalem and Augustinian Historians: Writing about Jews in Fourteenth-Century England." *The Chaucer Review*, Vol 29, No. 3, 227-48.

Pearsall, Derek. 1985. *The Canterbury Tales*. London: George Allen & Unwin.

Quiller-Couch, Arthur. 1910. *The Oxford Book of Ballads*. Oxford: At the Clarendon Press.

齋藤勇. 2000. 『チョーサー:曖昧・悪戯・敬虔』東京:南雲堂.

Simpson, J. A. and E. S. C. Weiner. eds. 1989. *The Oxford English Dictionary*. 2nd ed. Oxford: Clarendon Press.

# チョーサーの『公爵夫人の書』における死と生

— "herte" (=heart) を通して —

地 村 彰 之

はじめに

　1348年に黒死病が大流行した。ヨーロッパ大陸からイングランド南部に伝播したという。さらに，1361年から1362年，1369年，1374年から1375年にかけて，黒死病が爆発的に流行し，約30年間にイングランド総人口の3分の1から2分の1にあたる人々がこの世から亡くなり，約200万人に至るまで人口が激減したといわれる。ランカスター公爵夫人ブランチ (1341？－1368) はその犠牲になり，夫人を偲んでその夫であるジョン・オブ・ゴーント (1340－1399) のために作ったエレジーが，『公爵夫人の書』である。つまり，本書のテーマはゴーントの最初の夫人であったブランチの死である。二人の間には5人の子が生まれ，第4子ヘンリー (1366－1413) が後のヘンリー4世である。ゴーントは，その後カスティーリア，レオン王国のコンスタンサ (1354－1394) と1371年に再婚し，その没後さらにチョーサーの妻フィリッパの妹で

キャサリン・スウィンフォード (1350 － 1405) と 1396 年に正式に結婚している。スウィンフォードは，ブランチの産んだ 5 人の子供の養育係であったといわれる。このように，ゴーントは 3 人の女性と結ばれたが，黒死病で亡くしたブランチのことが生涯忘れられない存在であったようである。

この詩においては，主人公がブランチの死という精神的打撃からどのように救済されるか，つまり最愛の人を亡くした悲しい心が如何なる方法で救われていくかが，いろいろな挿話を通して描かれていく。この作品の構成はばらばらで有機的でないと批評されることがあるが，子細に検討してみると，一見まとまりがないように思える構造が，何か統一の取れたものに見えてくる。この統一を支えてくれるものが，"herte" (=heart) とその関連語が作り出す語彙のネットワークである。"herte" によって，作品中の各エピソードが関連付けられ有機的なものになる。すでに，H・ケケリッツ (1954) や P・F・ボーム (1956) が指摘しているように，"herte-huntyng"（「鹿狩り」）という語は，単にことば遊びの域を超えて，その時点までのそれぞれのエピソードを関連付け，作品の結びの役目を果している。本論では，この作品の中で鍵となり，作品全体を結び付けている "herte" の意味について，もう一度詳しく調べたい。

『公爵夫人の書』では，"herte" は大きく分けて次の三つの意味で使われている。それは，鹿，心または心臓，美しい白夫人（ホワイト）のような恋人または愛人である。このような "herte" が作品の中でどのように有機的に作用している

チョーサーの『公爵夫人の書』における死と生　111

かを探りながら，黒衣の騎士がその最愛の人の死という悲しみから立ち直り，新たな生を得る過程を眺めることが，本稿の目的である。本論の構成は (1) 不眠症の詩人，(2) ケユスク王とアルキュオネー妃，(3) 鹿狩りのシーン，(4) 黒衣の騎士の苦しい心臓，(5) 黒衣の騎士の心の告白，(6) 美しい白夫人 (ホワイト) の描写である。

1 不眠症の詩人

　不眠に苦しむ詩人は，情念から離れて頭の中だけでの精神活動にとらわれているのであろうか。心の冷静さをなかなか得ることが出来ない。ここでは "herte" の代わりに，その類義語の "ymagynacioun"（「願い」），"mynde"（「心」），"fantasies"（「想い」），"hede"（「念頭」）が使用されている。

> For sorwful ymagynacioun
> Ys always hooly in my mynde.
> And wel ye woot, agaynes kynde
> Hyt were to lyven in thys wyse,
> For nature wolde nat suffyse
> To noon erthly creature
> Nat longe tyme to endure
> Withoute slep and be in sorwe.
> And I ne may, ne nyght ne morwe,
> Slepe; and thus melancolye
> And drede I have for to dye.
> Defaute of slep and hevynesse
> Hath sleyn my spirit of quyknesse
> That I have lost al lustyhede.

112

> Suche fantasies ben in myn hede
> So I not what is best to doo.
> But men myght axe me why soo
> I may not slepe and what me is.
> But natheles, who aske this
> Leseth his asking trewely.
> Myselven can not telle why
> The sothe; but trewely, as I gesse,
> I holde hit be a sicknesse
> That I have suffred this eight yeer;
> And yet my boote is never the ner,
> For there is phisicien but oon
> That may me hele; but that is don.
> Passe we over untill eft;
> That wil not be mot nede be left;
> Our first mater is good to kepe.
> So whan I saw I might not slepe
> Til now late this other night,
> Upon my bed I sat upright
> And bad oon reche me a book,
> A romaunce, and he it me tok
> To rede and drive the night away;
> For me thoughte it better play
> Then playe either at ches or tables.
> And in this bok were written fables
> That clerkes had in olde tyme,
> And other poetes, put in rime
> To rede and for to be in minde,
> While men loved the lawe of kinde. (14-56)
>   (いつも切ない幻が心のなかに / すっかり居すわっているか

らです。/ このような生きかたが / 自然にさからっていることくらい / 皆様はよく承知しておいでです。/ そもそも自然は地上に生きているものを / いつまでも眠らせないで悲しませておこうとは / けっして望んでいないのですから。/ それなのに私は夜といわず朝といわず / どうしても眠れません。/ このようにして憂鬱と / 死の恐怖におそわれているのです。/ 不眠と塞ぎにとりつかれ / 生きる気力もそがれてしまい / 歓喜をすっかり失いました。/ このような妄想が頭から去らないばかりに / 私はなすすべを知りません。/ しかし,なぜそんなに眠れないのだ / どうしたのだ, とお尋ねのむきもありましょう。/ ところが, どんなに尋ねられても/ 尋ねがいはございません。/ 本人でさえなぜなのか / その真相はつかめません。でも, きっと / この八年間も苦しみながら / 治す手だてがまだ見つからない / 病のせいだと思います。/ 私のこんな病をいやせる医師はただ一人いるにはいます。/ しかし, 今となっては昔のことです。/ 別の機会にゆずりましょう。/ かなわぬことは放っておくにかぎります。/ 話が横にそれないことこそ肝心です。/ ところで, つい先日の夜もそれまでどおり / 寝つかれそうもありませんので / 私はベッドの上に座っていました。/ 使いの物に本を一冊とりにやらせて / 彼が持ってきたロマンスを読み / その夜をすごすことにしました。/ 私は双六やチェスよりも読書のほうが / まともな娯楽だと思えたからです。/ その本に書いてあった物語は / 人びとが自然の法を愛すかぎり / 読みつがれ, 記憶にとどめておかれるように / 昔の学者や詩人たちが韻をととのえ/ 詩にうたったものでした。)(原田東雄訳, 以下『公爵夫人の書』の引用文はすべて原田訳による。)

"hede"(「念頭」)に端的にみられるように, この引用文中に使用される内面的苦痛と係わる語は, "herte"(「心」)の

ような情緒的な精神とは対照的に，知的に理詰めに頭の中だけで解決しようとするような意味内容を伝える。このような詩人の苦しむ姿には，心をなごますような状態が伴わない。これは，自分の苦しみの在処がどこであるのか全然わからない状態を示している。しかし，このような苦しい心理状態から，書物に書かれた物語を読むことによって，詩人は少しずつ解放され，徐々に落ち着きを取り戻し，自然に眠りの世界に入っていく。

2 ケユスク王とアルキュオネー妃

このように，ずっと苦しんできた詩人は，ケユスク王とアルキュオネー妃のエピソードを読む。この話は，黒衣の騎士と美しい白夫人（ホワイト）との関係の伏線となるもので，R・デラサンタ (1969) が述べるように，最初にこの話を出すことによって，後の話を期待させるような働きをしている。

ここで "herte" という語が初めて使われる。ケユスク王を亡くしたアルキュオネー妃の悲しい心の状態を表わすために，"herte" が使用されている。

　　Anon her herte began to [erme];
　　And for that her thoughte evermo
　　It was not wele [he dwelte] so,
　　She longed so after the king
　　That certes it were a pitous thing
　　To telle her hertely sorowful lif
　　That she had, this noble wif,
　　For him, alas, she loved alderbest. (80-87)

（みるみる彼女はとても心配しはじめました。/ 王さまの帰りがこんなにも遅いのは/ よくないことだとしきりに思われ / たいそう待ちこがれていたのです。/ 王様を，ああ，最愛の夫をしたって / この気高いお妃がすごしていった / まことに痛ましいその日々を語るとなれば / たしかに哀れなことでしょう。）

　動詞の "erme" は，古期英語から由来している語で，文字通りの意味は「悲しむ」であるが，これは意味的に次の "hertely" と関連してくる。この "hertely" については，A・C・ボーは，"genuinely"（「純粋に」）のように副詞に，E・T・ドナルドソンは "heartfelt"（「心からの」）のように形容詞に言い換えているが，悲しい彼女の "herte"（「心」）という名詞から派生した語であると考えれば，ドナルドソンの解釈は可能になる。（ただ，文法的にはその後にある "sorowful" を強調していると考えられるので，ボーのように考えるのがいいかも知れない。）

　苦しいアルキュオネー妃は，ユーノーに心から誠意を込めてお願いする。そのスピーチの中で "herte" が用いられる。

"Helpe me out of thys distresse,
And yeve me grace my lord to se
Soone or wite wher-so he be,
Or how he fareth, or in what wise,
And I shal make yow sacrifise,
And hooly youres become I shal
With good wille, body, herte, and al; (110-16)
　（「どうぞこの苦しみからお救いください。/ どうか，すぐ

にも夫に会わせてください。/ どこにおいでかお知らせください。/ どうしておいでか，どんな様子か教えてください。/ そうすればお供え物はいたします / また喜んでこの一身を捧げます / 心も体も何もかも。)

この悲しいアルキュオネー妃の心を察するかのように，ユーノーはモルペウスに命じて，ケユスク王を拾いあげさせ，その "body"（「体」）の中に "herte"（「心」）を入れ込むのである。

> Sey thus on my half: that he
> Go faste into the Grete Se,
> And byd hym that, on alle thyng,
> He take up Seys body the kyng,
> That lyeth ful pale and nothyng rody.
> Bid hym crepe into the body
> And doo hit goon to Alcione
> The quene, ther she lyeth allone,
> And shewe hir shortly, hit ys no nay,
> How hit was dreynt thys other day;
> And do the body speke ryght soo,
> Ryght as hyt was woned to doo
> The whiles that hit was alyve. (139-51)

（私からの命令だと言い / 急いで海に入らせなさい。/ ぜひともやらせてほしいのは / まっ蒼になり血の気もすっかり失せている / ケユスク王のからだを引きあげさせる仕事です。/ つぎにそのからだの中にもぐりこませて / 妃のアルキュオネーがたったひとりで / 眠っているところへゆかせるのです。/ そして先日溺れ死んだときの様子を / 言葉少なにありのまま語らせなさい。/ そのケユスク王のからだに / 生

チョーサーの『公爵夫人の書』における死と生　117

前と少しも変わらぬ口ぐせで / 話させてほしいのです。)

　ここでは，体と心の分離が見られる。体は死体となっても心は生き続けているのである。

　結局，アルキュオネー妃の切ない "herte"(「心」) がケユスク王の "herte"(「心」) に通じたのであろうか。ケユスク王がアルキュオネー妃の夢枕に立ち，待ち続ける妻に優しい言葉をかける。

> Took up the dreynte body sone
> And bar hyt forth to Alcione,
> Hys wif the quene, ther as she lay
> Ryght even a quarter before day,
> And stood ryght at hyr beddes fet,
> And called hir ryght as she het
> By name, and sayde, "My swete wyf,
> Awake! Let be your sorwful lyf,
> For in your sorwe there lyth no red;
> For, certes, swete, I am but ded.
> Ye shul me never on lyve yse.
> But, goode swete herte, that ye
> Bury my body, for such a tyde
> Ye mowe hyt fynde the see besyde;
> And farewel, swete, my worldes blysse!
> I praye God youre sorwe lysse.
> To lytel while oure blysse lasteth!" (195-211)

(溺れ死んだ夫のからだをさっそく引き上げ / 夜の明けるちょうど三時間ほど前でしたが / お妃のアルキュオネーが寝ているところへ / それを運んでゆきました。 / そして枕もと

に立ちますと / 名前を呼んで，こう話しかけました。/「愛しい妻よ，目をさましなさい。/ 悲しい日々を送るのはよしなさい。/ 悲しんだとて何のかいもないのだから。/ ねえ妻よ，この私はたしかにただの死人だよ。/ 生きた姿はもう二度とは見られない。/ だが愛しい妻よ，いつか私の亡骸を / 海のほとりで見つけたときには / どうかとむらいはしてほしい。/ さようなら，この世の喜び，愛しい妻よ。/ そなたの嘆きが和らぐように祈っている。/ 私たちの幸せはつかのまのもの」)

　ここで注目すべきは「愛しい妻よ」という呼びかけである。文字通りには，アルキュオネー妃を指しているが，ケユスク王のスピーチであるので，王の "herte"（「心」）が愛する妻の "herte"（「心」）に働きかけ，その中に入り込んだと考えることが可能である。特に「私たちの幸せ」という表現は相思相愛の幸福な心の状態を示している。肉体は亡骸となり現世の幸せは束の間のものでも，お互いの "herte"（「心」）は生き続けるのである。

　以上，この話は，不眠に苦しんできた詩人の心を和ませるような重要な働きをすると同時に，ここで使われた "herte"（「愛する人」）は，この後，姿を変えて登場してくることを忘れてはならない。

3　鹿狩りのシーン

　このように心を痛めてきた詩人に，ついに「世にも甘美な夢」（276）が訪れる。その夢は，当時のコンベンションに従って，春の描写で始まる。小鳥たちの優しいさえずり，き

れいに澄み切ったガラス張りの部屋は，詩人の晴れやかな気持ちを示すものである。ここでガラス張りの部屋は "herte"（「心」）の窓口となる眼に相当するものである。その時，詩人の心に鹿狩りの音が聞こえてくる。"hert"（「雄鹿」）が見えてくる。

> And as I lay thus, wonder lowde,
> Me thoght I herde an hunte blowe
> T'assay hys horn and for to knowe
> Whether hyt were clere or hors of soun.
> And I herde goynge bothe up and doun
> Men, hors, houndes, and other thyng;
> And al men speken of huntyng,
> How they wolde slee the hert with strengthe,
> And how the hert had upon lengthe
> So moche embosed – y not now what. (344-52)
>
> （こうして横になっておりますと，角笛が / とつぜん大きく鳴り響いたようなきがしました。/ かすれていない，きれいな音がだせるかどうか / 狩人が試しに吹いてみたのでしょう。/ ついで，人や馬や猟犬などがあわただしく / 行きかう音が聞こえてきました。/ みんなは狩のことを話していました―― / こんどこそはあの雄鹿をちゃんと仕留めたいとか / この前はとうとう森の奥へ逃げられたとか / なんだかそんなことのようでした。)

このように，目的の鹿は見失ったようであるが，詩人が森の中の緑豊かな自然に浸っている時，さらに冬の寒さから抜け出て春の温もりを受けた時，再び「雄鹿」と「雌鹿」をはじめ，繁殖を象徴するような小鹿の名が次々に挙げられてい

ることは重要である。

> And many an hert and many an hynde
> Was both before me and behynde.
> Of founes, sowres, bukkes, does
> Was ful the woode, and many roes,
> And many sqwirelles that sete
> Ful high upon the trees and ete,
> And in hir maner made festes. (427-33)
> （私の前にも後ろにも／赤鹿の雄や雌がたくさんいました。／この森は雄鹿の当歳もの，四歳もの／また六歳ものや雌鹿たちでいっぱいでした。／のろ鹿もたくさんいました。リスもたくさん／高い所でごちそうをたべながら／それなりの宴をしておりました。）

　鹿たちの発見，つまり狩人たちが求めていて見失った "hert"（「雄鹿」）の代わりに，年数のいかない，これから成長していく数多くの鹿を見い出したことは，喪失からの回復の兆しを示すようである。

4 黒衣の騎士の苦しい心臓

　失った "hert"（「雄鹿」）を求めて，もつれた感情や抑制されぬ考えを象徴するといってもよい森の中をさまよっている時，子犬に案内されて，夢の中の詩人は黒衣の騎士に出会う。ここでは，見失った "hert"（「雄鹿」）の代わりに，偶然騎士の悲しみにくれる "herte"（「心臓」）に出くわす。詩人の視界から消え去った雄鹿は，実は騎士の心臓に姿を変えられていたのである。この騎士の嘆き悲しむ姿を見た時，騎士

の "herte"(「心臓」)が今にも破裂しそうになっていることを知る。愛人の喪失が，騎士の心臓が衰弱していく状態と繋がってくるのであろう。(実際，彼の愛する人が彼の "herte"(「心臓」)の所有者であった。)

> Whan he had mad thus his complaynte,
> Hys sorwful hert gan faste faynte
> And his spirites wexen dede;
> The blood was fled for pure drede
> Doun to hys herte, to make hym warm –
> For wel hyt feled the herte had harm –
> To wite eke why hyt was adrad
> By kynde, and for to make hyt glad,
> For hit ys membre principal
> Of the body; and that made al
> Hys hewe chaunge and wexe grene
> And pale, for ther noo blood ys sene
> In no maner lym of hys.
> Anoon therwith whan y sawgh this –
> He ferde thus evel there he set –
> I went and stood ryght at his fet,
> And grette hym; but he spak noght,
> But argued with his owne thoght,
> And in hys wyt disputed faste
> Why and how hys lyf myght laste;
> Hym thoughte hys sorwes were so smerte
> And lay so colde upon hys herte. (487-508)

(騎士が嘆きの歌をおえると / 悲しみに満ちたその心臓は急に衰弱しはじめて / 生気も尽きてゆきました。 / 血はまさに憂慮のあまり心臓へかけつけました。 / これは心臓を暖め

てやるためでしたし──／血は心臓が傷ついたと感じたからです──／なぜ心臓がおびえているのか，自然の神のはからいで／そのわけを知り，安心させるためでした。／それというのも心臓がからだの主要な器官だからです。／こういう事態が起こったために／この騎士の顔色は緑に青に変わるのでした。／からだのどこにも血の気はまったく／見えないのです。／騎士の具合が悪そうなのを見てとると／私はただちに進み出て／彼のすぐ足もとに立ちました。／私は挨拶をしましたが，彼はおし黙ったまま／自分ひとりの思いにふけっていました。／自分の命は，なぜ，また，いつまで，続くのか／心の中で一生けんめい論じていました。／彼にとって悲しみはとてもつらくて／心臓にそれは冷たくのしかかっているようでした。）

「悲しみに満ちたその心臓」は，述部に「急行しました」，「傷ついた」，「恐れている」などの＜有生＞を感じさせる動詞を用いていることからして，騎士自身と考えてもよい。この冷たくなった "herte"（「心臓」）つまり騎士を "blood"（「血」）が認めて，活力を与えてくれる。

この後，詩人が心を暖めてくれるこの "blood"（「血」）の役割を引き継いでいく。この詩人の話すスピーチは，この作品の哀歌調の内容に相いれないものであるため，この作品をそれほど評価しないＧ・Ｌ・キトリッジのような批評家がいるが，決してそうではない。Ｈ・フィリップスが述べるように，詩人はこの悲しい騎士の心を開く役目をする。

Anoon ryght I gan fynde a tale
To hym, to loke wher I myght ought

Have more knowynge of hys thought.
"Sir," quod I, "this game is doon.
I holde that this hert be goon;
These huntes konne hym nowher see." (536-41)
　(騎士が考えていることを何とかして / もっと知りたいと思いまして / さっそく水を向けてみました。 / 「殿よ」と私は言いました。 / 「狩は終わりました。あの雄鹿はにげたでしょう。 / 狩人たちにはみつかりっこありません」)

　このスピーチは突然出てきたように思えるが，これはこの作品のストーリーを結ぶ働きを持つだけでなく，この騎士の "herte"（「心臓」）に対しても重要な役目を果たすようである。詩人はこの騎士の心の中に入るために，指示代名詞 "this"（「この」）を用いている。この代名詞が使用されている箇所を逐語訳すれば，「この狩（"this game"）は終わりました」「この雄鹿（"this hert"）は逃げたと思います」となる。この代名詞はお互い知っている身近なものを示している。ここでは，文字通りには雄鹿のことを指しているが，これが後になってこの騎士が本当に失った "herte"（「愛人」）として生きてくる。

　この騎士にとって "this hert" は有機的な機能を発揮する。雄鹿が実際いなくなったことよりも，"herte"（「愛人」）がいなくなったために，騎士の心はずっと苦しい思いをしてきたのであるから，愛人を示す "herte" は重大な意味を持つ。「私にはどうでもいいことなのです。」(542) と言うが，自分との関係を意識していればこそこのような否定的表現が口

から出てくると考えられる。

「あの雄鹿 ("hert") は逃げたでしょう。」(540) というスピーチは，最終的に騎士の心を少しは和らげてくれる効果がある。詩人が次のように言った後，延々と苦しい心のうちをこの騎士が語りだすからである。

> And telleth me of your sorwes smerte;
> Paraunter hyt may ese youre herte,
> That semeth ful sek under your syde." (555-57)
> （ですから，つらい悩みをお話ください。/ その胸の中で，ひどく病んでいるらしい心臓も / おそらく楽になるでしょう」）

まだ核心には入っていないものの，徐々に彼の苦しい心臓 ("herte") は楽になっていくようだ。

一方，詩人の心は，チェスのクイーンの話を交えながら，自分の悲しい運命について語っていく騎士の話に魅かれていく。

> And whan I herde hym tel thys tale
> Thus pitously, as I yow telle,
> Unnethe myght y lenger dwelle,
> Hyt dyde myn herte so moche woo. (710-13)
> （聞いてみますと，おわかりになりますように / 騎士がこんな哀れな話をするので / 私はもう我慢ができなくなりました —— / 私の心も悲しくてたまらなくなったのです。）

騎士の語る悲しい話に，詩人の "herte"（「心」）は同情の念を駆り立てられていく。騎士の話が，聞き手の心に同情の

気持ちを抱かせるようになったことは，悲しい心を理解してくれる人に巡り会えたことを意味する。ここに，停まりそうになっていた "herte"（「心臓」）の救いが存在している。だからこそ，自分にとって苦しい思い出かもしれないが，かつての彼女との思い出を騎士は詩人に対して語っていけるのであろう。

騎士は昔の思い出を語りながら，自分の "herte"（「心臓」）が彼女と一体化していたことを，次のように述べる。

> For wostow why? She was lady
> Of the body; she had the herte,
> And who hath that may not asterte. (1152-54)
> （そのわけがおわかりですか。／ 彼女は私のからだの主人で，心臓の支配者でした。／ だから，その心臓の持主は逃げられません。）

彼女が騎士の "body"（「体」）の主人となり，その "herte"（「心臓」）を所有していたのであるから，騎士の "herte"（「心蔵」）は彼女の "herte"（「心臓」）でもある。ここでは，ケユスク王の場合のように，体と心の分離は見られない。楽しい思い出の中では，当然身も心も一体化した状態で彼女に支配されていたのである。このような経緯があるため，彼女がいなくなった時，「体の中では主要な構成員」(495) としての機能を果す "herte"（「心臓」）が苦しい思いをしていたことが理解できる。ここでは，かつての苦しみから解放され，彼女のことを思い出として語ることが出来るようになったことは，騎士の "herte"（「心臓」）が慰められ，苦境から抜け

5 黒衣の騎士の心の告白

　中世では，恋心は心の窓である眼を通して胸中に入り込んでくると考えられていた。この騎士の場合もそうである。貴婦人の一行の中で一番すばらしい女性に目がいく。

> "Among these ladyes thus echon,
> Soth to seyen, y sawgh oon
> That was lyk noon of the route; (817-19)
> 　（「なみいる貴婦人たちの間に／じつは，ほかの誰も及ばない／すぐれた人がいたのです。」

　彼女が "herte"（「心」）の中に入り込むことによって，騎士の知的精神活動も情念も，彼女に支配されるようになる。

> She had so stedfast countenaunce,
> So noble port and meyntenaunce,
> And Love, that had wel herd my boone,
> Had espyed me thus soone,
> That she ful sone in my thoght,
> As helpe me God, so was ykaught
> So sodenly that I ne tok
> No maner counseyl but at hir lok
> And at myn herte; for-why hir eyen
> So gladly, I trow, myn herte seyen
> That purely tho myn owne thoght
> Seyde hit were beter serve hir for noght
> Than with another to be wel. (833-45)
> 　（顔つきはじつに落ちついたものでした。／物腰，態度もじ

つに気高いものでした。/ ところで，かねてより私の願いを聞いておいでの / あの愛の神様が私を目敏くおみつけになったのです。/ たちまち彼女は私の心の中に，神も照覧あれ / しっかりと捕らえられてしまいました。/ とっさのことで，私としてはただ彼女の顔と / 自分の心に相談するほかなかったのです。/ なぜなら，たしかに，彼女の目は私の心に / すこぶる好意的でしたので，即座に心が / 『報われなくてもこの人に仕えるほうが，/ ほかの女性に慕われるよりいいだろう』と / 忠告してくれたからです。)

彼女の心の窓である "her eyen"（「彼女の眼」）が好意的に "herte"（「心」）を見たように思い，片思いの世界に入ってしまう。"I trow"（「たしかに」）という自ら念を押す表現に見られるように，ここでは騎士の主観的な心の状態が語られる。

このような片思いに耽っている心には，喜びと悲しみを表わす言葉が交互に用いられる。これこそ，恋する心のうそ偽りのない姿であろう。彼女に対する恋しい気持ちを，詩を作ることによって紛らそうとする時（1171 - 72），恋心を打ち明けるべきかどうか思い悩む時（1193），初めて愛の告白をした時（1211）にそれぞれ "herte" に関する表現が使われる。このような心は，自分の気持が本当にわかってもらえるかどうか不安に思う心理を示すことが多いようである。

最後に，彼女に対して忠実に宮廷愛を誓う台詞を取り上げる。これこそ思い悩む "herte"（「心」）の行き着くところであった。

"So at the laste, soth to seyn,
Whan that myn hert was come ageyn,
To telle shortly al my speche,
With hool herte I gan hir beseche
That she wolde be my lady swete;
And swor, and gan hir hertely hete
Ever to be stedfast and trewe,
And love hir alwey fresshly newe,
And never other lady have,
And al hir worship for to save
As I best koude, I swor hir this: (1221-31)
（「実のところ，こうしてやっと／人心地にもどりますと／手短に申しまして／ありったけの心を尽してあの人にお願いしました。／私の愛しい人にどうかなってくださるように。／そして誓をたてました，心をこめて約束しました。／いつまでも心を変えず，真実をつくすこと／愛の心をつねに新しく保つこと／他の婦人に決して心を移さないこと／できるだけ彼女の名誉を守ること／以上を彼女に誓約しました——）

　騎士は自分の心を尽くして彼女に仕えようとする。これほどまでにして，身を粉にして奉仕しようとする騎士の心を支配していた彼女は，よほどすばらしい貴婦人であったのであろう。

6 美しい白夫人 (ホワイト)

　白夫人（ホワイト）の "herte"（「心」）を見る時，その心の鏡ともいえる目を始め，200行以上に及ぶ彼女の "body"（「体」）の描写を忘れることは出来ない。これは，N・コグヒルが指摘しているように，この当時の宮廷愛の伝統に従っ

ている女性描写といえるが，ここでは，特に内面に存在している心を写す体の窓である "eyen"（「目」）を中心に，白夫人の心の描写についてまとめたい。

目は心を表すというが，彼女の目の美しさは，彼女の心の美しさを示している。

> "And whiche eyen my lady hadde!
> Debonaire, goode, glade, and sadde,
> Symple, of good mochel, noght to wyde.
> Therto hir look nas not asyde
> Ne overthwert, but beset so wel
> Hyt drew and took up everydel
> Al that on hir gan beholde.
> Hir eyen semed anoon she wolde
> Have mercy – fooles wenden soo –
> But hyt was never the rather doo.
> Hyt nas no countrefeted thyng;
> Hyt was hir owne pure lokyng
> That the goddesse, dame Nature,
> Had mad hem opene by mesure
> And close; for were she never so glad,
> Hyr lokyng was not foly sprad,
> Ne wildely, thogh that she pleyde;
> But ever, me thoght, hir eyen seyde,
> 'Be God, my wrathe ys al foryive!'
> "Therwith hir lyste so wel to lyve,
> That dulnesse was of hir adrad.
> She nas to sobre ne to glad;
> In alle thynges more mesure
> Had never, I trowe, creature.

But many oon with hire lok she herte,
And that sat hyr ful lyte at herte,
For she knew nothyng of her thoght; (859-85)

　（それに私の恋人の何というすばらしい目。／慎ましくて，優しくて，晴れやかで，落ちつきがあり／純真で，大きにすぎず，広きにすぎずというところ／さらに視線も，横にそれず斜めにそれず／しっかりと定まっていて／彼女を眺めるすべての人を／完全にひきつけて魅了しました。／その目を見ると，彼女はいまにも憐みをかけて／くれそうでした──痴れ者どもの虫のいい考え。／だからといって，そうなるわけがありません。／これは決して贋物ではなく／まさしく彼女にそなわったまなざしでした。／あの『自然』という女神様が／ほどほどに開け閉じなさったのです。／というのも，彼女はどんなに愉快であっても／また戯れていることがあっても，その目がむやみと／愛嬌をふりまくことはなかったからです。／だが，その目はいつも『神に誓って，怒りはすっかり／すてました』と言っているようでした。／「それに彼女は生きる歓びにひたっており／『不精』も敬遠するほどでした。／真面目にすぎず陽気にすぎず／万事につけて彼女くらい中庸のとれた人は／いなかったと思います。／しかし多くの人びとがそのまなざしで傷つきました。／それなのに彼女の胸には一向にこたえませんでした。／人びとが寄せる想いを少しも知らなかったのです。）

　しかし，彼女の目の美しさが男性の "herte"（「心」）を傷つける時，皮肉にも "herte"（「傷つけた」）という動詞が用いられる。883 行目を逐語訳をすると，「しかし多くの人びとをそのまなざしで彼女は傷つけました（"herte"）」となる。この動詞は，ケケリッツが指摘するように，ワードプ

レイとして使われている "herte" のもう一つの用法である。"herte"（「心」）を反映する目が，男性の "herte"（「心」）を "herte" つまり傷つけたことになり，騎士自身大きな傷を受けて "herte"（「心臓」）が苦しい思いをしていたのである。

このように，すばらしい女性に愛の告白をし，自分の "herte"（「心」）を託すように，"myn herte swete"（「愛しき人よ」(1233)）と呼びかける。これは，すでに黒衣の騎士の告白のところで見たように，一方的な愛の告白と言えるかも知れない。しかし，ここで呼びかけた "herte"（「愛しき人」）に対して，一度は無視されるが，その後彼女の慈悲の気持ちが働き，二人の "herte"（「心」）は一体化し，相思相愛の関係になる。

> Therwyth she was always so trewe
> Our joye was ever ylyche newe;
> Oure hertes wern so evene a payre
> That never nas that oon contrayre
> To that other for no woo.
> For sothe, ylyche they suffred thoo
> Oo blysse and eke oo sorwe bothe;
> Ylyche they were bothe glad and wrothe;
> Al was us oon, withoute were.
> And thus we lyved ful many a yere
> So wel I kan nat telle how." (1287-97)

（彼女はつねに誠実そのものでして／私たちの心と心は完璧な一組で／どんな苦悩に出会っても／不和とはなりませんでした。／じつのところ，そのころ二人は／共に一つの喜びと，一つの悲しみを味わったのです。／二人は同じように

喜び，同じように悲しみました。／ 私たちにはたしかに，全ては一つでした。／ このようにして幾年月を私たちは過ごしたのです。／ 幸福に，どれくらいかは言えないくらいに」）

まさに，この引用文は，前節で扱った片恋や一人で苦しい思いをする "herte"（「心」）が，愛する恋人の "herte"（「愛しき人」）に到着し，真の深い結びつきをすることを語っている。"our hertes"（「私たちの心と心」）が "they"（「そのころの二人」）と客体化して示されていたのに，引用文の最後のあたりでは "we"（「私たち」）に変わっていることに注意したい。完全に二人の "herte"（「心」）が自分たち二人のものになったことを示している。

おわりに

このように語り終えた後，詩人は騎士が本当になくしたものは何かを知り，この作品は最後の場面に移る。

> "Allas, sir, how? What may that be?
> "She ys ded!" "Nay!" "Yis, be my trouthe!"
> "Is that youre los? Be God, hyt ys routhe!"
> And with that word ryght anoon
> They gan to strake forth; al was doon,
> For that tyme, the hert-huntyng. (1308-13)
> （「ああ，どうして。どういうことでしょう」／「死んだのです」「まさか」「ほんとうですとも」／「それでしたか，なくされたのは。ほんとうにお気の毒です」／ と私が言ったとたんに，狩の一行が／ ひきあげてきました。その日の鹿狩は／ これですっかり終ったのです。）

ここは余りにも有名な箇所で，ほとんどの批評家が引用するところであるが，"herte" が有機的機能を持つものとして意図的に用いられていたことを示す重要な例である。ここでは鹿狩りの終了を直接的には意味しているが，同時にアルキュオネー妃が求めていた "herte"（「愛する人」），苦しい思いをしていた騎士の "herte"（「心臓」），騎士の求めていた "herte"（「愛しき人」）という一連の "herte" に対する重層的な意味が込められており，この語は作品を締めくくる役割を果たしている。

結局，"herte" はいづれの場合も失われてしまうか，失われそうになる。即ち，鹿はどこかへ消えてしまう。心臓は機能を停止しそうになる。美しい白夫人は死んでしまう。詩人に騎士がなくした女性のことを語り終えた時，"hert-huntyng"（「鹿狩り」）が終わったと告げられる。狩人が求めていた "hert"（「雄鹿」）をなくし，愛人をなくし，心臓が停まるぐらい悲しい思いをするのだから，"herte" の喪失こそ，この作品のテーマと言えそうである。

ただし，最後に救いがみられるのは，この "herte" を保護してくれる館へ，しかも白夫人を象徴的に示すような白い館へと "this kyng"（「この王様」）が帰って行ったことである。

With that me thoghte that this kyng
Gan homwarde for to ryde
Unto a place, was there besyde,
Which was from us but a lyte –
A long castel with walles white,

Be Seynt Johan, on a ryche hil,
　　As me mette; but thus hyt fil. (1314-20)
　(それと同時に，どうやらこの王様は / 私たちがいたところ
からごくわずかしか離れていない / すぐそばの館へお帰りに
なったように / 思われました。その館は / 白い壁をめぐら
した長いお城で / 聖ヨハネにかけて，豊かな丘の上に建って
いました。 / 私の夢では。しかし，こういうことでした。)

　「この王様」は，E・ライスが述べるように，文字通りに
は鹿狩りをしていた王様を指しているが，ここでは王様と恋
人を追い求めていた騎士のイメージが重なり合っていること
は注目すべきことである。ここは，喪失からの回復を暗示す
る場面である。この館こそ，人間の "body"（「体」）の役割
を果たし，"herte"（「心」）を庇護し，悲しむ王様の "herte"
（「心臓」）を癒してくれる空間といえる。喪失した "herte"
の行き着くべき場所となるようである。"herte" に対する慰
めとなると同時に，詩人自身の心の苦しみ，つまり不眠症か
らの解放を暗示しているかも知れない。

　本稿は，都留久夫編集『チョーサーの「公爵夫人の書」を
読む』(シリーズ「中世英文学シンポジウム」第5集)に掲
載された拙論「ことば遊びについて」をもとに，加筆修正し
て，書き改めたものである。2005年3月31日に急逝された
原田東雄先生には，『公爵夫人の書』が書かれた頃の社会状
況等について詳しく教えていただきました。この場をお借り
して，先生のご好意に対し謝意を表するとともに，謹んでご
冥福をお祈り申し上げます。

主要参考文献

Baker, Donald C.(1958) "Imagery and Structure in Chaucer's *Book of the Duchess,*" *Studia Neophilologica* 30, 17-26.

Baum, Paull F.(1956) "Chaucer's Puns," *PMLA* LXX, 225-46.

Benson, L. D., ed.(1987) The Riverside Chaucer, 3rd ed. Boston: Houghton Mifflin.

Carson, M.Angela, O.S.U.(1967) "Easing of the 'Hert' in the *Book of the Duchess,* Chaucer Review 1, 157-60.

Clark, John Frank. (1982) *The Hunt as Metaphor: A Study of the Theme of Death in Four Middle English Poems.* Michigan: Unpublished Ph D Dissertation.

Clemen, Wolfgang.(1963, 1980) *Chaucer's Early Poetry.* London: Methuen.

Cooper, J. C. (1982) *Symbolism: The Universal Language.* Wellingborough.

Coghill, N. (1956) *Geoffrey Chaucer.* London: Longmans.

David, Luisi. (1971) "The Hunt Motif in *The Book of the Duchess,*" *English Studies* 52, 309-11.

Davis, N., Gray, D., Ingham, P., Wallace-Hadrill, A. (1979) *A Chaucer Glossary.* London: OUP.

Delasanta, Rodney.(1969) "Christian Affirmation in *The Book of the Duchess*," *PMLA* LXXXIV, 245-51.

海老久人 (1977) 「『公爵夫人の書』における光と闇－ゴシック芸術の「光の美学」」『関西医科大学教養部紀要』第八号, 15-126.

Eldredge, Laurence. (1969) "The Structure of *The Book of the Duchess*," *Revue de l'Universite d'Ottawa* 39, 132-51.

Elliott, R.W.V.(1974) *Chaucer's English*. London: André Deutsch.

Fichte, Jeorg O.(1973) "*The Book of the Duchess* – A Consolation?," *Studia Neophilologica* 45, 53-67.

Fyler, John M.(1977) "Irony and the Age of Gold in *The Book of the Duchess*," *Speculum* Vol.LII No.2, 314-28.

Grennen, Joseph E. (1964) "Hert-huntyng in *The Book of the Duchess*," *Modern Language Quarterly* 15, 131-39.

原田東雄 (1977) 「公爵夫人の書」(翻訳)『広島修大論集』第18巻, 第1号, 331-89.

Hill, John M.(1974) "*The Book of the Duchess*, Melancholy, and That Eight-year Sickness," *Chaucer Review* Vol.9 No.1, 35-50.

Huppe, Bernard F. and D.W. Robertson, Jr. (1963) *A Fruyt and Chaf: Studies in Chaucer's Allegories*. Princeton.

地村彰之 (1987) 「チョーサーの館の表現」『人の家・神の家』京都：あぽろん社, 5-43.

Jimura, Akiyuki.(2005) *Studies in Chaucer's Words and his Narratives*. Hiroshima: Keisuisha.

Jordan, Robert M.(1974-75) "The Compositional Structure of *The Book of the Duchess*," *Chaucer Review* Vol.9 No.2, 99-117.

Kittredge, G.L.(1915) *Chaucer and His Poetry*. Cambridge, Mass.

Kökeritz, Helge.(1954) "Rhetorical Word-play in Chaucer," *PMLA* LXIX, 937-52.

Leyerle, John. (1974) "The Heart and the Chain," *The Learned and the Lewed: Studies in Chaucer and Medieval Literature*, edited by Larry D. Benson. Cambridge, Mass.

Manning, Stephen.(1956) "That Dreamer Once More," *PMLA* LXXI, 540-41.

Manning, Stephen.(1958) "Chaucer's Good Fair White: Woman and Symbol," *Comparative Literature* Vol.X No.2, 97-105.

桝井迪夫 (1962, 1973) 『チョーサー研究』東京:研究社.

Masui, M. (1964) *The Structure of Chaucer's Rime Words: An Exploration into the Poetic Language of Chaucer*. Tokyo: Kenkyusha.

Masui, M. (1988) *Studies in Chaucer's Language of Feeling*. Tokyo: Kinseido.

Masui, M. (1988) *A New Rime Index to the Canterbury Tales based on Manly and Rickert's Edition of the Canterbury*

Tales. Tokyo: Shinozaki-shorin.

Minnis, A.J. (1995) *The Shorter Poems* [Oxford Guide to Chaucer]. Oxford: Clarendon Press.

生地竹郎編 (1968) 『チョーサーとその周辺』 東京：文理書院.

Phillips, Helen. ed. (1982) *Chaucer: The Book of the Duchess.* Durham: U of Durham P.

Phillips, H. and N.Havely (1997) *Chaucer's Dream Poetry.* London: Longman.

Pirenne, Henri. (1936) *Economic and Social History of Medieval Europe.* London: Routledge & Kegan Paul.

Prior, Sandra Pierson.(1986) "Routhe and Hert-Huntyng in *The Book of the Duchess*," *Journal of English and Germanic Philology* 85, 3-19.

Reiss, Edmund.(1973) "Chaucer's Parodies of Love," *Chaucer the Love Poet*, edited by J.Mitchell and W.Provost. Athens: U of Georgia P., 27-44.

Robinson, F.N., ed. (1957) *The Works of Geoffrey Chaucer*, 2nd ed. Boston: Houghton Mifflin.

Rooney, Anne.(1987) "*The Book of the Duchess*: Hunting and the 'UBI SUNT' Tradition," *Review of English Studies* 38, 299-314.

斉藤勇 (1984) 『カンタベリー物語』（中公新書） 東京：中央公論社.

Scott-Macnab, David.(1987) "A Reexamination of Octovyen's Hunt in *The Book of the Duchess*," *Medium Aevum* Vol. LVI No.2, 183-99.

Shoaf, R.A.(1979) "Stalking the Sorrowful H(e)art: Penitential Lore and the Hunt Scene in Chaucer's *The Book of the Duchess*," *Journal of English and Germanic Philology* Vol. 78 No.3, 313-24.

Skeat, W.W. ed. (1894-1897) *The Complete Works of Geoffrey Chaucer*, 7 vols. Oxford: Clarendon Press.

Spearing, A.C. (1976) *Medieval Dream-Poetry*. Cambridge: CUP.

Sudo, J. (1967) "A Preliminary Note on the Langauge and Style of Chaucer's *Book of the Duchess*," *Kobe Gaidai Ronso* Vol.18 No.4, 1-28.

Tajima, M., ed. (1998) *A Bibliography of English Language Studies in Japan 1900-1996*. Tokyo: Nan'un-do.

Thiebaux, Marcelle.(1974) *The Stag of Love: The Chase in Medieval Literature* . Ithaca and London.

Tisdale, Charles P.R.(1973) "Boethian "Hert-Huntyng": the Elegiac Pattern of *The Book of the Duchess*," *American Benedictine Review* 24, 365-80.

都留久夫 (1962) 「『公爵夫人の書』研究」『活水論文集』5集, 1-6.

都留久夫 (1965) 「『公爵夫人の書』における慰め」『アカデミア』 45・46集, 59-75.

都留久夫編集『チョーサーの「公爵夫人の書」を読む』(シリーズ「中世英文学シンポジウム」第 5 集) (1991) 東京:学書房.

Utley, Frances Mae.(1974) *The Hunt as Structural Paradigm in The Book of the Duchess.* Michigan: Unpublished Ph D Dissertation.

Wilson, G.R.(1972) "The Anatomy of Compassion: Chaucer's *Book of Duchess*," *Texas Studies in Literature and Language* XIV.3, 381-88.

Wimsatt, James I. (1967) "The Apotheosis of Blanche in *The Book of the Duchess*," *Journal of English and Germanic Philology* 66, 26-44.

Wimsatt, James I.(1970) *Allegory and Mirror: Tradition and Structure in Middle English Literature.* New York.

Winny, James.(1973) *Chaucer's Dream-Poems.* London: Chatto and Windus.

トリスタン物語における死と生

四反田　想

はじめに

　ヨーロッパ中世、特にドイツ中世文学では幾つもの「トリスタン物語」が作られ、受容・伝承されていた。その多様な系譜を追いながら、「トリスタン物語」の様々な版に現れた「生」と「死」のモティーフがどのように表現されているか、その差異とモティーフの変遷を探る。また幾つかの中世ドイツ語版「トリスタン物語」におけるエピローグの分析から、俗に言われている,Minnetod'「愛の死」というテーマの成立、さらに様々な改作者たちのトリスタンとイゾルデの「死」と「生」に対する評価を明らかにする。最後に、「トリスタン物語」における「死」と「生」の諸相を素材伝承史的・精神史的・文芸社会学的観点から総括したい。

1　ヨーロッパ中世文学におけるトリスタン物語素材

(1) ケルト伝説と史実

　「トリスタン物語」は、中世ヨーロッパに広まった全ヨーロッパ的素材であるが、特に中世ロマンス文学と中世ドイツ文学に顕著に見られる。ゴットフリート・ヴェーバー Gottfried Weber(1981: 31) によれば、本来「素材（モティーフ）

史」Stoffgeschichte は、「特定の素材の具体例における精神的・社会的・文体的変遷の歴史」die Geschichte von geistigen, sozialen und stilistischen Wandlungen am konkreten Beispiel bestimmter Stoffe である。「トリスタン伝説」が島ケルト起源であり、ケルト系の「トリスタン文学」が存在したという仮説は、証明されないまま今日に至っているが、ヘルムート Hellmuth(1992: 835) は、島ケルト起源説自体が近年幾度と疑われてきたと批判的に論じている。トリスタン伝説の最古の層に属すとされるモロルト Morolt のエピソードは、9世紀のピクト文化に帰するという説もある。今日ではピクト人はブルトン・ケルト系の種族であり、それに対しスコーテン Skoten は移住してきたアイルランド・ケルト族であろうと仮定されている。また、登場人物の名前もピクト系であろうと言われている。ここでピクト系の語源を挙げることは控えるが、いずれにせよヴェーバーが詳細な語源研究を載せている。また、ゲルトルーデ・シェッペレ Gertrude Schoepperle (1913) は、トリスタン物語の中心素材を、二つの島ケルト伝説素材に基づくという説を挙げている。1)「船による航行（船旅）」イムラマ immrama(単数形は immram): それは『トリスタン』では、モロルトとの戦いに傷ついた主人公が、治療のために海へ船出するというモティーフに使われている。2)「逃亡の物語」アイテダ aitheda(単数形 aithed) と呼ばれているもので、『ディアルマイドとグライネ』"Diarmaid und Gráinne"（16世紀からテクストは伝承されているが、起源ははるかに古い）にも、マルケ王の宮廷からのトリスタ

ンとイゾルデの、孤独な森の中への逃亡のモティーフとの類似点が指摘されている。また、10-11 世紀起源の『ベイルとアイリン』"Baile und Ailinn"というケルト系物語では、愛し合う二人が、相手に対する苦しみから死ぬことになるが、トリスタンに相当するベイルが間違った知らせに基づいて命を絶つ。伝承の相対的年代関係や細部の内容的相違が「トリスタン物語」とこれらの2つのケルト系物語との間に指摘されているが、いずれにせよ、トリスタン素材の起源と生成は「不明瞭で疑わしく論議の対象となっている。」"dunkel, zweifelhaft und umstritten"(Weber/Hoffmann 1981: 37)

それ以外にも、「トリスタン物語」には、石川が指摘しているように、乙女の金髪を持ってくるツバメのモティーフといった、説話・昔話文学のモティーフや、更には古典古代の影響も見られる。一つは、「パリスとオイノーネ」の伝説で、トロイの王子パリスの愛人オイノーネは、パリスの死の姿を見て自殺するという話である。また、有名なテーセウス伝説では、テーセウスが父親に成功裏に帰還する際には白い帆を揚げるという約束を忘れ、父は黒い帆を見て投身自殺するというモティーフがあり、ここにも「トリスタン物語」との深い影響関係が指摘できよう。

(2) トリスタン前史
部分的に9世紀にまで遡る最古のケルト伝説では、マルケ王との一騎打ちで致命傷を負ったトリスタンは、死の間際にイゾルデを絞め殺す。次の最古のトリスタン叙事詩では、

結末部分は推定できず、前段階のケルト伝説と同じ結末であるが、イゾルデは喜んでトリスタンに殺害される。また、媚薬のモティーフが導入されることによって、トリスタンとイゾルデの関係の変化が見られる。最古のトリスタン文学の中で、エストワール *Estoire（1150年頃）は最も新しいもので、作者も不明である。中世ヨーロッパの大部分のトリスタン物語がここから派生したとされる。トリスタンの死後、到着したイゾルデはそこで息絶え、二人は同じ墓地に埋葬され、そこから生えたバラと葡萄の木が絡まりあい、離すことができなくなる。このエストワールから、ノルマンの方言で書いたベルール Beroul、アングロ・ノルマンのトマ Thomas、オーベルクのアイルハルト Eilhart von Oberg による、3つの有名な中世トリスタン物語が生まれた。

(3) 中世フランスにおけるトリスタン韻文物語

1) トマ (1155-1170年) Thomas: Tristan

トマは、ヘンリー2世の宮廷で、アングロ・ノルマンの聴衆のために製作したとする、聖職者説がある。この版は一般に宮廷風改作とされている。トマは物語の筋のリアリズムや初期の物語の露骨さを緩和しているが、他方トマとゴットフリートは宮廷風独占と従順化から遠ざかろうとしているという見方もある。(Huber 2001: 20)

2) ベルール (1190年頃) Béroul: Tristan

ベルール作と言われる13世紀のトリスタン物語断片写本が残されている。口承文芸の言語的特徴を多く有しており、

飛躍が多い語り口は、論理や心理とはやや無縁である。その意味で吟遊詩人的改作とされているが、出来事をただ単に水平的に結び付けるのではなく、様々な観点が重層化し、お互いの中へ映り込んでいる。フーバー Huber(2001) は、「紛争の思想的貫徹が哲学的カテゴリーを出現させる。」(Huber 2001: 20) とまで評価している。

（4）古代北欧のトリスタン物語

,,Tristrams Saga ok Ísondar": 修道士ローベルトの「トリストラムとイゾントの物語」が、1226 年にノルウェー王ハコンの命により、ノルウェー語で書かれた。実際に執筆したのは修道士ローベルト Robert とされている。テクストは 51 章から成る。フランスのトリスタン韻文物語、特にトマ Thomas の厳密な翻案と思われる。写本としては、次の2つが残存している。

A) Cod.A.M. 567, 4^0

様々なサガを含む、15 世紀の羊皮紙写本中、2 葉のみから成る。それぞれ、2 つの異なる Tristrams Saga ok Ísondar 写本の最初の1葉と最後の1葉とされる。写本の行間に多くの書き込みがある。写字生は、校正者であろうと推測されている。

a) Cod. A.M. chart. 543, 4^0

17 世紀末の典型的なアイスランド紙写本。126 ページから成る。写字生だけでなく、すでに修道士 Robert 自体が古フランス語原典を短縮した可能性がある。

その他、アイスランドのトリスタン物語、イギリスの 13 世紀末の "Sir Tristrem" がある。2 写本の関係は、a 写本が A 写本の短縮されたコピーとされている。（物語の展開上、konu「女性」となるはずが 16 章 17 行で systur「（姉）妹」という語が両写本に見られるためである。）少なくとも両写本の近親性は間違いない。

次に、内容的には、このテクストでは生と死はどう捉えられ、描かれているだろうか。第 47 章では、病んだトリストラムを助けるために船で向かったイゾント Isond は、嵐に巻き込まれ、もしここで難破して自分が死ねば、トリストラムもじきに死ぬであろうから、二人の死が互いを結びつける（天国で?）であろうと儚い望みを神に託す。（典型的な Liebestod「愛の死」の考え方とも言える。）第 49 章では、トリストラムの妻イソッド Isodd は、トリストラムに友人カルディン Kardin の船が黒い帆を揚げて戻ってきた、と嘘の報告をする。これにより彼はイゾントが彼のことを忘れて戻らなかったと思い、イゾントの名を三度叫んだのちこと切れる。第 51 章では、ようやくたどり着いたイゾントは、トリストラムの死を知り、悲嘆にくれる。王妃イゾントは彼の亡骸のそばで、東に向かって祈りを捧げる。父と子と精霊に、トリストラムが自分のために死ぬことになったと、自らの罪の赦しを請う。彼の遺体の上で自殺する。トリストラムの妻イソッドは、死後も二人が一緒になれないように、わざと二人の遺体を教会の別々の側面に埋葬させる。しかし、二人の離れた墓から樫の木が芽を出して高く成長し、教会の屋根の

先端部で合体し、二人の愛の大きさを証明する。

2 中世ドイツにおけるトリスタン物語
（1）アイルハルト・フォン・オーベルクのトリスタン物語
Eilhart von Oberg: „Tristant und Isalde" (1170-90年)

　これは、ベルール Béroul 『トリスタン』„Tristan"に近い。アイルハルト Eilhart が、最初にドイツに不十分な形でトリスタン素材を持ち込んだ。作者は、北ドイツのヒルデスハイム Hildesheim, ブラウンシュヴァイク Braunschweig 近郊のオーベルク Oberg を居とする家人の一族に属するという説もある。1200年頃成立した3写本 (R, M, St) が有名である。(約1100行)。フランツ・リヒテンシュタイン Franz Lichtenstein による原型の再構成版である。

9502
　　その時、彼は彼ら二人を
　　自らと海を越えて国へと連れて行った。
　　私はもはやこれ以上あなた方に言うことはできない、

　　彼らが埋葬されたということ以外は
　　非常に辛い嘆きとともに
　　しかしながら荘厳に。
　　私は真にあなた方に言おう
　　人々は彼らを一つの墓に埋葬した。

　　私が貴方たちに言えるかどうかわからない、
　　しかし私は次のように言われるのを聞いた、

すなわち王は薔薇の木を
その女の上に植えさせた
またその男の上にも

葡萄の木の一本を。
それからそれらの木はともに成長し、
その結果人々は木をいかなる方法でも
互いから取り除くことはできなかったし、
人々はそれらの木を折り取ろうともしなかった。

真に私はこのことが話されるのを聞いた。
このこと（物語）を媚薬の力が成したのだが、
さて私はそのこと一切を完成した、
それはある方によって書かれたのである、
このこと（物語）を私たちの聖なるキリストが心のままになさせ給え。

9500

 dicke tûre he daz swûr,
 im geschêge nî sô leide.
 dô holte her sie beide
 mit im zu lande obir sê.
 ich enweiz ûch nicht sagin mê,

9505

 wen daz sie wordin begrabin
 mit vil jêmirlîchen clagen
 und doch vil hêrlîche.
 ich sage ûch wêrlîche
 man grûb sie beide in ein grab.

9510

> ich enweiz, ab ich ûch sagin mag,
> îdoch hôrte ich sagin alsus,
> daz der koning einen rôsenpusch
> lîze setzin ûf daz wîp
> und einen ûf des mannes lîp

9515
> von eime edelin wînrabin.
> dô wôchsin sie zesamen
> daz man sie mit nicheinen dingen
> von ên andir mochte bringen,
> man enwolde sie den zubrechin.

9520
> vor wâr hôrte ich daz sprechin:
> daz machte des trankes craft.
> nû habe ich [daz] alliz vullenbrâcht,
> daz von im geschrebin ist:
> des walde unsir heilig Crist!

　結末部分のエピローグでは、アイルハルト Eilhart 自身は、神によって書かれたものを聞き書きしただけだと語っている。結末の草木（薔薇の木と葡萄の木）の繋がり合いについての判断も、キリストに委ねているのかのようである。

（2）ゴットフリートのトリスタン物語
Gottfried von Straßburg: „Tristan" (1200-1210 年)

　19584 行で中断により未完成に終わる。基本的にトマを原典として翻案した。古風なアイルハルト Eilhart の作品に対し、ゴットフリート Gottfried は修辞学を駆使した古典的な文体を創り、また罪の問題をより深化させた。この作品のプ

ロローグに、文体的に leben と tôt が繰り返される興味深い
詩節が2個所ある。

41 　わたしは今や既にこのように働き盛りの年になりながら、
　　　徒に時を過ごしたならば、
　　　社会の一員として当然なすべきように
　　　世の人々のために尽くすことなく終わるであろう。
45 　わたしは世の人々、分けても
　　　気心の高い心の持ち主たちの慰安のために、
　　　つまり、わたしが愛情を抱き、心を寄せている人々のために、
　　　一つの骨の折れる仕事を企てることにした。
　　　わたしが考えているのは、
　　　例えば巷間にいうような、
　　　どんな苦しみも忍び得ず、
　　　ただ喜びの中にのみ浮かんでいたいというような、
　　　ありきたりの人人のことではない。
　　　そのような人々には、
　　　どうか神さまが安楽な暮らしを
　　　お許し下さいますように！
55 　そんな人々、またそんな生き方のためには、
　　　わたしの話は向かない。わたしの生き方は
　　　それとは違っている。わたしが志向しているのは、
　　　それとは別の人々、
　　　心からなる喜びとあこがれの苦しみを、
　　　好ましい生といとわしい生を、
　　　一つ胸の中に併せ持つ人々のことである。
　　　わたしはこのような生き方に生涯をささげ、
　　　このような人々の伴侶となって、
　　　彼らの生死を共にするつもりである。
　　　わたしはこれまでもずっと彼らと一緒にいたし、

トリスタン物語における死と生　151

苦しい人生行路でわたしを
わたしを教え導いてくれるはずだった若かりし日をも、
彼らと共に過ごして来た。
この人々がわたしの物語によって、
いくらかでも胸にしむ痛みを鎮め、
苦しみを和らげることができるよう、
その慰めにもならばと思って、
わたしはこの骨の折れる仕事を企てることにした。
(41-76 行)

41　Trîbe ich die zît vergebene hin,

　　sô zîtic ich ze **lebene** bin,
　　sône var ich in der werlt sus hin
　　niht sô gewerldet, alse ich bin.

45　Ich hân mir eine unmüezekeit
　　der werlt ze liebe vür geleit
　　und edelen herzen z'einer hage,
　　den herzen, den ich herze trage,
　　der werlde, in die mîn herze siht.

50　ine meine ir aller werlde niht

　　als die, von der ich hoere sagen,
　　diu keine swaere enmüge getragen
　　und niwan in vröuden welle sweben.
　　die lâze ouch got mit vröuden **leben**!
55　Der werlde und diseme **lebene**
　　enkumt mîn rede niht ebene.

```
            ir leben und mînez zweient sich.
            ein ander werlt die meine ich,
            diu samet in eime herzen treit
    60      ir süeze sûr, ir liebez leit,
            ir herzeliep, ir senede nôt,
            ir liebez leben, ir leiden tôt,
            ir lieben tôt, ir leidez leben.
            dem lebene sî mîn leben ergeben,
    65      der werlt wil ich gewerldet wesen,
            mit ir verderben oder genesen.
            ich bin mit ir biz her beliben
            und hân mit ir die tage vertriben,
            die mir ûf nâhe gêndem leben
    70      lêre unde geleite solten geben:
            der hân ich mîne unmüezekeit
            ze kurzewîle vür geleit,
            daz sî mit mînem maere
            ir nâhe gênde swaere
    75      ze halber senfte bringe,
            ir nôt dâ mite geringe.
```

　第41連は、交差韻によって先行する5連から区切られ、Tristanの頭文字Tによって、後続の詩行的プロロークと結合している。修辞的移行 transitio の意味で、この詩連は以下のプロローク部分を導入することになる。そこで語られているのは、語り手による一種の理想的な聴衆あるいは読者像であると言えよう。「高貴な心の人」,edelen herzen' (45,3) がまさにそれである。クローンは、ゴットフリート自身がこの理想的聴衆・読者像を定義しているとする。それによれ

ば、「高貴な心の人」は、自己の欲求のみを追及し、愛と生における苦しみの関与を無視しようとする「全世界」, aller werlde' とは対照的に、「喜びと痛み、愛 liebe と苦しみ leit、生と死の二律背反の対立と共存の弁証法的持続状態を受け入れ、一つの心の中で (in eime herzen) 内面化する。」(Krohn Band3 1981: 16) ゴットフリートが目指していたのは、単なる読者の「好意の獲得」, captatio benevolentiae' のトポスではなく、相互に排除し合う概念の相反する制限の中で表現され、トリスタンとイゾルデの愛がそこから生じた「止むことの無い内的緊張」, die unerhörte innere Spannung'(Krohn Band3 1981: 17) こそが「高貴な心の人」としての聴衆・読者に対しても、要請されているのである。

　　二人の心からなる誠、
　　その喜びと悲しみ、楽しみと苦しみを聞くのは、
　　今日でもなお我々には好ましく楽しく、
　　常に心をそそられるのである。
　　二人はとっくの昔にこの世を去ったのであるが、
　　その甘美な名前は今もなお生きていて、
　　二人の死は世の人々のためにとこしえに生きながらえ、
　　誠を求める人々には誠を、
　　誉れを欲する人々には誉を与えるであろう。
　　彼らの死は将来とも、生ける者のために生き続けて、
　　その新しさを失わないであろう。
　　というのは、彼らの誠、その誠の純粋さ、
　　彼らの心からなる喜びと心からなる悲しみが
　　語られるのを聞くのは、

すべての高貴な人にとって心の糧となるからである。
そうして二人の死は生き続ける。
我々は彼らの生を読み、その死を読む。
そしてそれは我々にとっては命の糧のごとく甘美なのである。

二人の生、二人の死は、我々の命の糧である。
こうして彼らの生は生き、彼らの死は生きる。
こうして彼らは死んだけれども、なお生き続け、
彼らの死は生ける者の命の糧となる。

いま彼らの生とその死、彼らの喜びとその苦しみを
聞きたいと思う者は、
進んで耳と心を貸されるがよい。
その人は己が欲するものをすべてここに見いだすであろう。 (石川訳 1976)

218　uns ist noch hiute liep vernomen,
　　　süeze und iemer niuwe
220　ir inneclîchiu triuwe
　　　ir liep, ir leit, ir wunne, ir nôt;
　　　al eine und sîn si lange **tôt**,
　　　ir süezer name der **lebet** iedoch
　　　und sol ir **tôt** der werlde noch
225　ze guote lange und iemer **leben**,
　　　den triuwe gernden triuwe geben,
　　　den êre gernden êre:
　　　ir **tôt** muoz iemer mêre
　　　uns **lebenden leben** und niuwe wesen;
230　wan swâ man noch hoeret lesen

ir triuwe, ir triuwen reinekeit,
ir herzeliep, ir herzeleit,

Deist aller edelen herzen brôt.
hie mite sô **lebet** ir beider **tôt**.
235　wir lesen ir **leben**, wir lesen ir **tôt**
und ist uns daz süeze alse brôt.

Ir **leben**, ir **tôt** sint unser brôt.
sus **lebet** ir **leben**, sus **lebet** ir **tôt**.
sus **lebent** si noch und sint doch **tôt**
240　und ist ir **tôt** der **lebenden** brôt.
Und swer nu ger, daz man im sage
ir **leben**, ir **tôt**, ir vröude, ir clage,
der biete herze und ôren her:
er vindet alle sîne ger.

リュディガー・クローン Rüdiger Krohn によれば、詩行的プロロークにおける最後の対韻の2行は、それまでの修辞的技巧からトリスタン物語の開始に至る移行を形成している。この移行 transitio が、生 leben, 死んでいる tôt, 喜び vröude, 嘆き clage という、ゴットフリートの中心概念を取り上げている。また、leben は動詞 (lebet, lebent)、名詞 (leben)、現在分詞 (lebenden) と多彩に変化しながら言葉遊び的な要素すら感じさせる。

　ゴットフリートの „Tristan" は未完作品のため、エピローグは存在しない。有名な「愛の洞窟」の場面では、二人の愛はアーサー王宮廷の秩序すら超越するものとして描かれて

いる。また、『トリスタン』の「愛の洞窟」‚Minneglotte' や「ミンネの宗教」‚Minnereligion' の神秘主義的象徴も指摘されている。12 世紀末から、13 世紀初頭の作品成立期に至る時代の思想との関連、特に神秘思想との関連について、石川 (1976) やフーバー Huber(2001) によれば、ゴットフリートに見られる神秘主義的傾向や異端との関係は依然として論議の対象になっている。アウグスティヌス、クレルヴォーのベルナール、ヴィクトール派、アベラルドゥスや初期スコラ唯名論、カタリ派、アマルリク派、シャルトル学派のプラトン的人文主義などとの関連が長年にわたって研究されてきたが、未解決のままである。(石川 1976: 382f.; Huber 2001: 35f.)

(3) ゴットフリートのトリスタン物語の続編
1) ウルリヒ・フォン・テュールハイム (1230-1235 年) Ulrich von Türheim

アイルハルトの吟遊詩人風作品に倣って、3728 行の不完全な続編を作った。相愛の二人の死は、彼らの罪深い愛に対する正当な罰とみなされている。結末部では、地獄に落とされたトリスタンとイゾルデが苦しみから救われることを祈るようにと記している。

薔薇の木と葡萄の木 Rosenstock und Weinstock
(トリスタンとイゾルデの遺体の帰還と埋葬) (Vers 3496 - 3730)
エピローグ Epilog:
3715
  トリスタンとイゾルデが

苦しんだことを、(聴衆の) 皆様は聞かれました。
神が私たちを神の国へ来させますように。
私たちがここ (現世) から出かける時は何時であれ、
私たちが地獄から逃れられますように、
そして私たちが決して地獄を試すことがないように。
神が私たちを御守り下さいますように
その純粋な善意と
私たちの心の誠実さで、
私たちが主の祝福 (恵み) を得られますように
また天使が吟味しますように
私たちの悪行の一切を。
そして主の三位一体が私たちを迎え入れますように。
アーメン

3715 was tristan und Ysot
  Erlieten, das habt ir gar vernommen.
  got laze uns in sin riche comen,
  swenne wir varn von hinnen,
  daz wir der helle entrinnen
  unde si niemer versuchen.
  got sol uns beruchen
3725 mit siner reinen gute
  unde stete unser gemute,
  das wir verdienen sinen segen
  unde, so der engel solle wegen
  alle unser missetat.
3730 unde uns enphahe sin trinitat.
  Amen

2) ハインリヒ・フォン・フライベルク (1290年頃) Heinrich von Freiberg

ハインリヒ・フォン・フライベルクは、ゴットフリートの6890行から成る続編を作った。ウルリヒの続編よりも芸術的ではあるが、やはり宗教的態度が強い。作品の最後には「アーメン」"amen"が三度繰り返されている。この世の愛のはかなさの一例として、二人の愛が挙げられている。

Epilog

> さて、あなた方愛する人々よ、
> この鑑の中にとくと見られるがよい、
> いかにどの時代であれ
> 後から忍び寄り、(迂回して) 広まっているか
> 世俗的な愛が。
> ....
> キリストは主の一人子としてお生まれになった、
> 私たちに恩寵をお与えになるために、
> 私たちがあたかも葡萄の蔓のように
> キリストの中へと互いに絡まりあい
> 私たちの心と感覚を
> キリストの中へと織り込むために、
> 人々が、葡萄の木が薔薇の棘の中で
> 選ばれた愛する人たちの墓の上で
> 絡まりあうのを見た時に、
> この二人は愛の中で彼らの最期を遂げたのである。
> さて、アーメンを3回唱えられよ。
> Nu dar, ir werlde minner,
> sehet alle in disen spigel her,
> und schowet, wie in aller vrist

6850 　hin slichende und genclich ist
　　　die weltliche minne!
　　　……………………………………………
6880 　Crist sinen zarten sun einborn,
　　　und uns die genade gebe,
　　　daz wir alsam die winrebe
　　　uns vlechten wider in in
　　　und unser herze und unseren sin
　　　in im verwerren und verweben,
　　　als man sach den winreben
　　　sich vlechten in den rosen dorn
　　　uber den geliben uz erkorn,
　　　die in der libe ir ende namen.
6890 　nu sprechet amen, amen, amen!

3　トリスタンとイゾルデに見られる生と死のモティーフとしての Minnetod 「愛の死」

　いわゆる'Minnetod'とは、「死を越えて存在する愛」と解釈できる。さて、ドイツ中世期の相思相愛の二人についての歴史的・文学的記述の例を見てみよう。死が二人の愛を壊すと、先立たれた者は、もはや生きる気力を失ってしまうのが普通である。史実の例として、876年、東フランク王国の Ludwig ドイツ王は最愛の王妃 Hemma の死後、非常に落胆し、数日後に逝去する。(843年ヴェルダン条約) また、『僧コンラートのロランの歌』"Das Rolandslied des Pfaffen Konrad"では、勇将ローラント Roland の妻アルダ Alda は、夫の戦死の悲報を受けて、短い祈りの中で夫を奪った神を非

難し、自らの魂をマリアに委ねて、青ざめくずれ落ちて死んでいく。(8685-8726 行):

  これらの書物は最後にさらに証言している、
  皇帝が諸侯会議を命じたことを。
  非常に熱心に
  全ての諸侯たちが集まった。
  そこにやって来たのは 8 人の王たちと
  さらに（それを越えて、それ以外に）
  司教と諸侯たちが、
  誰も彼らを最後まで数え上げることはできなかった。
  アーヘンで彼はこの諸侯会議を開催した。
  多くの雄弁な男たちがそれに参加した。
  そこにフランス人たちもやって来た。
  その諸侯会議は非常に悲しいものとなった。
  そこに美しいアルダがやって来た。
  ふさわしいようにそこで彼女を出迎えたのは
  皇帝自身と
  全ての彼の勇士たちであった。
  彼女は言った、「カール、祝福された皇帝、
  未亡人と孤児たちの庇護者よ、
  どこへあなたはローラントを置いてきたのですか。
  私に私の夫を返して下さい、
  その人にあなたが私を妻として約束したのです。
  どんなに心から彼が恋しいことでしょう。」

  皇帝はすぐに彼女に答えた、
  「多くの人から愛されているアルダよ、
  私はあえてそのことを御前に秘密にしておこうとは思わない。
  残念ながら御前は二度と彼に再会することはないだろう。

御前は彼を（夫として）もはや得ることはできない。
彼は残念なことに死者として埋葬されている。
あまりにもひどく嘆いてはいけない。
私は御前に彼の代わりを調達してやろう。
私は御前を妻として与えるだろう
ルートヴィヒ敬虔王に。
私は御前を女王にする、
全フランスに冠たる。」
「一体、哀れな私はどうなることでしょう。
ルートヴィヒについてこれ以上言わないで下さい、
また他の殿方についても。
私がローラントの何も持てないならば、
私は喜んで死にたい。」
彼女は絶望して膝まずいた。
「全ての事物の創造主よ、
あなたは私に彼を夫として御与えになったのに、
何故あなたは私から彼を奪われたのですか。
哀れな私は今やどうなってしまうのでしょう。
私はあなたに御願いします、聖母マリアの息子よ、
私を無垢のまま入れてくださるように
全ての聖なる乙女たちの共同体の中へ。
私は私の魂をあなたの御手に委ねます。
一切の天使たちの女王よ。
私の命がここで終わりとなりますように。」
彼女は、死人のように真っ青になった。
皇帝は、彼女を彼の両腕に抱きしめた。
すぐに彼は、彼女はもうすでに死んでいるのがわかった。
神はそこで奇跡の力を御示しになった。
人々は彼女を女子修道院墓地に埋葬した。

Tiv buoch urchundent inoch:
der kaiser gebot ain hof.
8675 mit mchelem flize
chomen di fursten alle gemainliche:
dar chomen achte chuonige
unt inoch dar ubere;
biscofe unt herzogen
8680 derne machte niemen an daz ende komen.
ze Ache wolt er den hof han:
da was manc wort spager man.
dar chomen ouch di Karlinge.
der hof wart uil grimme.
8685 dar chom di scone Alda:
wol enphi si da
der kaiser selbe
unt alle sine helde.
si sprach: "Karl, gesegenter kaiser,
8690 uoget witewen unt waisen,
war hastu Roulanten getan?
gim mir wider min man,
dem du mich zewibe gabe!
wi gerne ich in ersahe!"
8695 Ter kaiser antwirt ir sa:
"liebiu, libiu Alda,
ich netar nicht liegin:
laider dune gesest in niemir.
dune macht sin nicht haben:
8700 er lit laider toter begrabin.
chlage du nicht sere!
ich irgetze dich sin gerne:

トリスタン物語における死と生　163

```
          ich gibe dich zewibe
          dem guten Ludewige;
 8705    ich mache dich ze chuoninginne
          uber al Karlinge."
          "war sol ich arme denne?
          Ludewigin du mir niemir fuor genenne,
          noch niemir dehain anderen man!
 8710    scol ich Roulantes nicht han,
          so wil ich ersterben gerne."
          si uiel grimme an di erde.
          "aller dinge schephare,
          do du mir in ze wine gabe,
 8715    war umbe hastu mir in genomen?
          war scol ich arme nu komen?
          ich bite dich, rainer magede barn,
          daz ich umbewollin muze uarn
          dar die magede alle sint geladet.
 8720    mine sele beuilhe ich in dine gewalt,
          aller engel chuniginne,
          daz ich niemir mere chom hinne!"
          si begunde harte blaichen.
          der kaiser wolt ir heluen,
 8725    er beuie si mit der hant:
          also tote er si uant.
          da zaicte got siniu tougen.
          man begruop si zu anderen heiligin frouwin.
```

　ここでローラントの妻アルダは、創造主や救世主にではなく、聖母マリアに自らの魂を委ねていることは、ケスティング Kesting によれば、特に珍しいことではなく、当時のマリ

ア崇拝や、民衆語マリア文学に共通するものである。(Peter Kesting: 1965 55ff.)

　嫉妬や復讐からの殺人、報われない愛に基づく自殺は、文学テクストの基本モティーフの一つである。トリスタンとイゾルデ二人の死は、死の「敬虔な」描写に対する対抗として、また死のモティーフの変種として捉えられる。神の恩寵の媒介者としての教会は問題とならない。トリスタンとイゾルデは、婚姻と忠誠を破るという罪を犯したが、最後の二人の墓の上に生えた木々が結合していく様を、神の介入、神の赦しと見なすことも可能である。「二人の墓を結び付ける木の枝は、死に対する生の勝利を象徴している。」(ノルベルト・オーラー Norbert Ohler:1995 190) 個々の版の偏差はあるものの、基本的な「愛の死」Minnetod の物語の結末には、ある共通性が見られる。このことは、中世のトリスタン物語、中でも「愛の死」Minnetod が、象徴性、あるいは虚構の物語としてのみ、当時の宮廷社会から容認されていた事実を示しているのではないだろうか。

参考文献

第一次文献：

Buschinger, Danielle (Hrsg.): Heinrich von Freiberg. Tristan und Isolde. Originaltext (nach der Florenzer Handschrift ms.

B.R.226) von Danielle Buschinger. Versübersetzung von Wolfgang Spiewok. Greifswald 1993.

Ganz, Peter (Hrsg.): Gottfried von Straßburg. Tristan. Nach der Ausgabe von Reinhold Bechstein. 2 Teile. Wiesbaden 1978.

Kölbing, Eugen (Hrsg.): Die nordische Version der Tristan Sage. Hildesheim / New York 1978.

Krohn, Rüdiger (Hrsg.): Gottfried von Straßburg. Tristan. Nach dem Text von Friedrich Ranke neu herausgegeben, ins Neuhochdeuschte übersetzt, mit einem Stellenkommentar und einem Nachwort von Rüdiger Krohn. 3 Bde. Stuttgart 1980.

Spiewok,Wolfgang / Buschinger, Danielle (Hrsg.): Ulrich von Türheim. Tristan und Isolde. Originaltext (nach der Heidelberger Handschrift Pal. Germ. 360) Versübersetzung und Einleitung von Wolfgang Spiewok in Zusammenarbeit mit Danielle Buschinger. Amiens 1992.

第二次文献:

Huber, Christoph: Gottfried von Straßburg. Tristan und Isolde. 2., verbesserte Auflage. Berlin 2001.

Johnson, L. Peter: Die höfische Literatur der Blütezeit. Tübingen 1999.

Kesting, Peter: Maria-frouwe. Über den Einfluß der Marienverehrung auf den Minnesang bis Walther von der Vogelweide. München 1965.

Ohler, Norbert: Sterben und Tod im Mittelalter. Düsseldorf / Zürich 1990/1995.

Payen, J. C.: Tristan et Yseut. Paris 1974.

Weber, Gottfried / Hoffmann, Werner: Gottfried von Strassbrug. Stuttgart 1981.

石川敬三 訳：ゴットフリート・フォン・シュトラースブルク トリスタンとイゾルデ. 東京 1981.

フランス中世文学にみる死の表現
— エリナン・ド・フロワモン『死の詩』再読 —

原 野　昇

はじめに

　フランスの中世末期（14世紀後半－15世紀）は，打ち続く戦乱（100年戦争，1337－1453）と気候不順による飢饉にたびたび襲われた。それに加えて黒死病（ペスト）の大流行が頻繁に起こり（1348年，1361－62年，1369年，1374－75年），人口が激減したと言われる。そのことはすなわち，多くの人が家族，親戚，知人の臨終，死，終油の儀式，埋葬にしばしば立ち会ったということを意味している。当然のことながら，葬儀の際などに，死や生についての説教を司祭などから聞く機会も多く，自身でも考察する機会が多かったであろう。Memento mori「死を覚えよ」という言葉がしばしば発せられ，絵画や彫刻においても，「三人の生者と三人の死者」など「死の舞踏 danse macabre」のテーマがしばしば取り上げられ表現された。例えば，パリの聖イノサン墓地の壁には，1424年以来，死の舞踏の絵が描かれていた。この時代には，当然のことながら，文学の世界でも同様に死のテー

死の舞踏の図像 1

死の舞踏の図像 2

マがしばしば取り上げられ表現された。中世末期は「死の世紀」と呼ばれることもある。

　「死」について考える機会があるということは，同時に，「死」の対極にある「生」について，すなわち，自分が生まれてきて，今生きていることの意味についても考察することになるであろう。「死」を描くことは，明示的であれ暗示的であれ，「生」の充実を促している。

　そのような中世後期より約三世紀も前の 12 世紀後半は，文学史で言えば，クレチャン・ド・トロワやマリ・ド・フランスらが活躍し，宮廷風騎士道物語などの全盛期であり，社会的にも「中世の春」とも呼ばれる時代である。中世末期と比較すれば，いわば対極的な時代と言えよう。そのような時代に活躍した詩人エリナン・ド・フロワモンが書いた詩に『死の詩』 *Poème de la mort* と題する詩がある。人知を超えた「死」の神秘は，中世末期に限らず，いつの時代にあっても，文学の大きなテーマの一つである。本稿ではそのエリナン・ド・フロワモンの『死の詩』をとりあげ，その中で死がどのように表現されているかを中心にこの詩の特徴を明らかにすると同時に，そこには中世後期における死の表現と比べてどのような共通性や差があるのかをみていきたい。

1　エリナン・ド・フロワモンの生涯と『死の詩』

　エリナン・ド・フロワモン Hélinan de Froidmont は 1160〜1170 年頃，フランドル地方の貴族の家に生まれた。フランスのボーヴェで，ピエール・アベラールの弟子である文法家ラウール

のもとで学び,フィリップ・オーギュストの宮廷で世俗の詩人(トルヴェール)として活躍した。1182年頃,20歳前後の若さで,世を捨てることを決心し,ボーヴェ教区内のフロワモンの修道院に入った。同修道院は,1129年に聖ベルナールによって建てられたシトー会の修道院である。彼の歿年は,1229年以降であることは確かである。というのは,同年には,ツールーズ大学教授として,カタール派の異端と戦っていたことが確かだからである。(G. Hasenor et M. Zink, *Dictionaire des Lettres française*, Le Moyen Age)

彼の著作の大部分はラテン語で書かれているが,『死の詩』*Vers de la Mort* はフランス語で書かれている。1195年頃 (1194年から1197年の間) に書かれた。全50節, 600行からなり,各節は12行, 1行は8音節で構成されている。エリナンが始めたこの詩形式は,中世末まで多用されることになる。

テクストには,Jean-Marcel Paquette, *Poèmes de la Mort de Tulord à Villon*, Union Générale d'Edition (10/18), 1979, pp.66-105 を用いた。

2 死の擬人化

全50節のうち,第1-22, 25, 34, 40-42節の計27節は,第1行目冒頭が「死よ」という呼びかけのことばで始まっている。(引用詩句末尾の数字は詩節番号)

死よ,お前は私を変身させる (1)

死よ，恋の歌を歌っている人の所に行け，(2)

　死よ，お前はどこへ行ってもお前の資産がある (3)

　死よ，お前を友たちのもとに送ろう (4)

　「死よ」という呼びかけがある節においては，当然のことながら，動詞は2人称に置かれていることが大多数であるが，「死よ」という呼びかけがありながら，その後の動詞は3人称で用いられている節もある。（例えば24節）

　その他の節は，死についての客観的な描写であったり，考察を表明した独白や自問自答である。

　全50節中に，「死 mort」という語が93回も用いられている。この事実からだけでも，この詩を読んだり聞いたりすると，「死」を表す「モール」という音が，いかに頻繁に耳に入ってくるかが分かる。なかでも，第31節，32節，33節の連続する3節においては，行の冒頭に「死は」という語が集中的に置かれている。第31節と32節では，12行中10行が，第33節では12行中9行が「死は」という語で始まっている。

　死は，各自にその裁きをつける
　死は，みんなを公平に裁く
　死は，各自の重さを正しく量る
　死は，加えられた侮辱の仕返しを必ずする
　死は，傲慢を腐敗物に変える
　死は，王たちを戦に負けさせる
　死は，法や規則を遵守させる

死は，利息や利益をあきらめさせる
　　　死は，過酷な人生を甘いものにする
　　　死は，贅沢を怖れる修道院の奥で
　　　じゃがいもをすりつぶした料理や豆に
　　　鯨肉の風味をつける。　(32)

　古代から受け継がれている「反復」という修辞技法であるが，「死」という語が繰り返し繰り返し響くことによって，詩全体に「死神」の支配を感じさせるよう，「反復」技法が効果的に用いられている。

　「死よ」と直接呼びかけている節もそうでない節も含めて，全50節をとおして，作者の死に対する態度は一貫していると言えるであろう。それは，人間の死を支配する「死」la Mort を，人間を越えた力，いわば「死神」的にとらえる，というものである。その上で，その「死（神）」を擬人化して，対話の相手として話しかけ，あるいは独白し，そういう作者の姿を読者にみてもらう，というものである。

　そのような見方は，当然のことながら，人間の生も死も神の御旨である，とするキリスト教的な考え方とは合致しない。しかし，ここでは文学作品が問題となっているのであり，死は「死神」の采配するところとする文学的伝統は，古代から存在するものである。例えば，イソップの『寓話』に「老人と死」というのがあるが，その中で，薪を背負ってくたびれ果てた老人が死神に呼びかけている。作者エリナンはシトー会修道院の修道士ではあるが，自分の立場や信仰と，詩における表現とは，何ら矛盾するものではない。修道士と

しての務めを果たしながら，文学創造活動において，上のような考え方に基づく表出を行うことは，ごく自然な行いである。

3 死の描写

(1) 死の平等性，公平性

　エリナンの詩における死の描写の特徴をみていきたい。死は万人に共通なものとして，その平等性，公平性が強調されている。すなわち，誰一人例外なく，死を免れることはできない，「死」が必ず襲う，ということが繰り返し表現されている。例えば，

　　死よ，お前は，王をその塔の中で，
　　貧者はその家で，いずれの区別なく
　　一撃で打ち倒す。
　　‥‥‥
　　死よ，お前は魂を捕まえ，締め上げ
　　猶予もやり直しも許さず
　　借りを払うまで離さない。　(21)

　　死よ，お前はこの世を
　　四方八方ぐるりと包囲した，
　　どこに行ってもお前の旗がなびいている。
　　力によっても言葉によっても
　　お前に歯向かう者はいない
　　お前の顔はそれほど恐怖感を与える。
　　お前の攻撃には隙が無い，
　　近くの者には手で石を投げ
　　遠くの者には投石機を使う。　(22)

死は疑いもなく証明する，
　　　多くても少なくても同じこと，
　　　みんな死に，みんな干からびることを。
　　　....
　　　死は，穀物倉も寝室も同じ値段にする，
　　　ぶどう酒と水も，鮭といかも。　　(30)

　　　死はすべてを捕らえる網であり
　　　すべてを手中に収める手であり
　　　死が捕まえたものすべてその手中にある。
　　　死は，すべての者に黒いマントをかぶせ
　　　土の衣を着せる。
　　　死は，すべての人に例外なく仕える
　　　死は，すべての人の秘密を暴露する
　　　死は，奴隷を自由人にする
　　　死は，王も教皇も奴隷にする
　　　死は，すべての人にそれぞれふさわしいものを返す。　(31)

　　　死は，どんなお喋りも黙らせるし
　　　どんなに陽気な人でも嘆きわめかせる。
　　　死は，晴天をいつでも悪天候にするし
　　　死は，毛皮や絹のドレスも
　　　頭陀袋や苦行衣と同じ価値にする。
　　　どんな訴訟も死相手では勝てない。　(28)

　死は人間の始まり（アダムとイヴ）以来，人間とともにある，というのも，「人間＝死すべきもの mortel」を表現しているだろう。

死よ，お前はリンゴがかじられたときに生まれた
　まずは女において，次いで男にも。　(13)

　次のような表現は，「誰も逃れられない」という死の特徴を表しているともとれるが,「「死」に狙いを定められた者は」という点に注目すれば,「死」が狙いを定める者とそうでない者,「死」に選ばれた者とそうでない者がいるかのようにもとられかねない。実際には，遅かれ早かれ,「死」はすべての者に狙いをつけるのであり,「その狙いがはずれることがない」ととるべきであろう。

　　はずれることのない弓に出会う覚悟を,　(8)

　　死にはごまかしはきかず，狙われたらはずれはない。(28)

　その「死」の襲い方は，罠をしかけたり，気づかれないように道路を凍結させておいて転倒させたりする。要するに，不意を襲うのである。

　　われらをみな罠にかけて捕らえる死よ
　　お前はわれらを転倒させようと
　　いたる所に凍結路を隠している。　(5)

　この世では，権力のある者ない者，富のある者ない者がおり，その生活に大きな差があるが，死はそのような現実社会の差に無関係だということが指摘されている。欲者も富者も死の支配下にあることが指摘され，それによって，死の力の強大さ，死の支配力が強調されている。例えば，

死よ，お前はどこへ行ってもお前の資産がある
どの市場でも売り上げがある
富める者を裸にし
尊大な者に頭を下げさせ
力ある者を打ち砕き
栄光をぐらつかせ
最も強き者に汗をかかせ
最も慎重な者を躓かせ
どの道に連れて行けば，最もうまく
泥沼にはめることができるか探している。　(3)

死は教える，すべてが無だと，
大食いが飲み込むものも
奢侈がよだれをたらすものもみな。　(30)

　権力者，富者と並んで，逸楽を謳歌する者，人生の盛りにある者，若者に対する警告を促す表現もみられる。

お前はこの者を二八歳か三〇歳の
若さの真っ盛り，今こそ最良の時
と考えている最中に捕まえた。
若いが故に柔軟性のある彼を
お前の突き棒で刺し
毒蜘蛛以上に強い毒を注ぎ込んだ
それゆえ人がお前を恐れるのも無理はない
この世の逸楽を謳歌する者は
魂が苦痛のうちに離れていく。　(25)

というのも，肉体が節度なく振る舞うのを
放任するような信仰のない魂には

フランス中世文学にみる死の表現　　177

死が居を定めるからである。　(26)

　死の恐怖を乗り越えた者にこそ
　死は真っ先に襲いかかり
　最も激しく攻撃する　(29)

この世の富をあの世に持っては行けない，という言い方もされる。
　死よ，伯父に言ってくれ，甥に言ってくれ
　ごく僅かな荷物しか持たず
　狭い穴をくぐらなければならないのだと。
　だから賢者はすでに僅かしか所持していない。
　しかるに欲者は決して得ることはないだろう
　何を持つべきかを知らないからである。　(9)

(2)「死」の襲い方に差

　死の前での平等性，死の公平性とは，この世の権力や名声や富も死とともにゼロになるということであるので，この世で大きな権力，名声，多くの富を持っていた者の方が，それらがもともとゼロに近かった者よりもショックは大きいということになる。そこで結果的に，死はこの世の権力者や富者に対して，より厳しいと表現されることになる。例えば，

　死は善人にはやさしく，悪人には厳しい，
　ある者には寛大で，ある者には吝嗇(けち)である　(23)

　富める者を裸にし
　尊大な者に頭を下げさせ
　力ある者を打ち砕き

栄光をぐらつかせ
最も強き者に汗をかかせ
最も慎重な者を躓かせ　(3)

死よ，お前は上層の者を叩いて下層の者の仇をとってくれる　(12)

死よ，死よ，お前は高きにあるものを低きに
落とすのに倦むことがない。
二人の王に，できることなら
知らせてやりたいものだ
略奪ばかりする者の鬚を剃り落とすために
お前がどれほどうまく箱から剃刀を取り出すかを。
死よ，お前は高みに上った者を引きずり降ろし
王侯の肉体を灰にする。
高みにあって権力を延ばし
自分の影を越えようとする者を
網にかけるために，お前はと網，
投げ網，筵（むしろ）網を張っている。　(20)

死は，富者からは彼が集めたものを奪う　(31)

死よ，お前は，人頭税や物納品を
法外に要求し略奪する者たちに
挑戦し戦いをしかける。
他人の苦しみを自らの楽しみとする者に
あらゆる責苦を味あわせる。　(41)

死よ，お前は，傲慢の火が燃えている所に駆け付けて
燃え上がる火を消す。

フランス中世文学にみる死の表現　179

強欲に燃え，貧乏人の
生き血を吸う金持ちに
お前の爪を容赦なく食い込ます。　(42)

かくも多くの金銀財宝を
世の中にまき散らす者が
右からも左からもまき上げるのだ。
獲物や食肉や
らばの肉，鮭，チョウザメやスズキを
食卓にふんだんに並べ
着る物に浪費し
腐って臭い肉体を養う。
千台もの荷馬車を連ね
神に降伏しようとしない
そのような奴は地獄の劫火を主人とし
すっかり焼き尽くされてしまうだろう。　(47)

　ここには中世後期における死のとらえ方と共通するものがみられる。例えばフランソワ・ヴィヨンの詩句に次のような表現がある。

知っている，死という奴は容赦なく，
貧乏人でも　金持でも，
利巧も馬鹿も，坊主もただの人間も，
貴族も，庶民も，吝嗇(けち)も気前のいい奴も，
小人でも大男でも，綺麗な方も醜い奴も，
折返しの襟の着物の贅沢な奥様連も，
身分はどんな夫人でも，高貴な冠の貴婦人でも，
大黒帽の女房でも，誰でも彼でも浚ってゆく。
　(「遺言詩集」39節,『ヴィヨン全詩集』鈴木信太郎訳，岩

波文庫。ただし現代仮名使いに改めてある。)

若者も人生の絶頂期にある者として，権力者や富者に準じた目でみられていることはすでに見た。したがって，若者に対しても死は厳しく襲いかかる。

　　死よ，くたぶれ果てて老いた顔には
　　明らかにお前が刻まれているが
　　若者にあってはお前は身を隠している。
　　大胆にもお前に面と向かって「あっちへ行け」
　　と言う奴らをとらえて得意満面。
　　犬や鳥を連れて散歩する
　　粋な若者
　　丸焼き用の焼肉器より熱い
　　肉のご馳走をたんまりいただく彼らをこそ
　　死は小刀を突き刺し
　　大きなマントをかぶせて
　　真昼なのに夜のように真っ暗にする。　(24)

「死」がより厳しく襲いかかる者がいる反面,「死」がそれほど厳しくは迫らない者がいる，という見方も表現されている。貧しい者や魂の清い者，信仰をもって死に備えている者である。

　　死は貧者には失くしたものを返す　(31)

　　清く選ばれた魂には
　　その肉体が痩せていても太っていても
　　死の力がほとんど及ばない。

フランス中世文学にみる死の表現　181

　　魂が肉体を離れるや否や死が無罪放免する。
　　それゆえ，財産が手に入るや否や
　　それを手放し一文無しになる者は賢い　(26)

　そのような信仰心をもって神を畏怖する者は，「死」が捕えることができない，とまで言っている。

　　死よ，お前は，お前の歌を歌うことのできる者は
　　配下におくことができはしない。
　　神への畏怖心を宿す者も。
　　そのような果実を産むことのできる心は，
　　はっきり断言できるが，
　　お前がいかなる手を用いても捕えることはできない。　(2)

　ここには，死は肉体を襲うことができるが，心，神を畏怖する心，永遠の生に生きる者，信仰に生きる者，を襲うことはできない，という考えが込められている。それは，下のような表現と表裏をなすものである。

　　というのも，肉体が節度なく振る舞うのを
　　放任するような信仰のない魂には
　　死が居を定めるからである。　(26)

(3) 死の実相描写

　エリナンの『死の詩』に，死の実相として，肉体の崩壊の様子が「蛆虫」のような語を用いて描かれている。冒頭にも書いたように，12世紀後半という時期に，すでにこのような描写がされていることは注目に値しよう。

栄養たっぷりの肉体，滑らかな膚が
　　　蛆虫と炎の下着を作る。　　（29）

　　　死は疑いもなく証明する，
　　　多くても少なくても同じこと，
　　　みんな死に，みんな干からびることを。　（30）

　これをヴィヨンにおける死の描写と比べると，共通する点も指摘できるが，むしろヴィヨンにおける死の描写の具体性が際立つ。ヴィヨンにおいては，断末魔の様子がよりリアルに，より詳細に描かれていると言えるだろう。

　　　死ぬものは，仮令 パリスであろうとも
　　　またエレーヌであろうとも，誰であろうと，
　　　息も呼吸も止まるほど 苦しんで死ぬ。
　　　胆汁が 心臓の上で 破けて，
　　　汗をかく，怎麼生（そもさん），何という汗だ。
　　　この苦しみを和らげてくれる人など 誰もない。
　　　こんな時には 身代わりに立ちたいという
　　　子供も，兄貴も，妹も，居ないからだ。　　（「遺言詩集」40節）

　　　死にかけると 躯（からだ）は顫（ふる）え，色は蒼ざめ，
　　　鼻は曲って，血管はだらりと伸びて，
　　　頸は腫れ上り，肉はふやけて軟かく，
　　　神経も関節も，弛んでたるんで延びてくる。
　　　ああ，あれほどの柔肌の，滑らかに また 馨（かんば）しく，
　　　かくも貴い，女性（にょしょう）の肉体，それすらこういう
　　　災禍（わざわい）を 待ち受けねばならぬのか。
　　　そうだ，さなくば生きたまま 昇天せねばならぬのだ。　（同，

41節)

　ヴィヨンにおいては，生から死へと向かう肉体の変化の様子が非常にリアルに描写されている。さらに，死後の体，すなわち完全にこの世とは別の世界に入ったもの，生前の肉体に対立するもの，生前の肉体を思い起こさせるものとして，死者の姿を骸骨の姿で描いている。

　　この墓場の納骨所に　堆(うずたか)く積上げられた
　　これらの髑髏(どくろ)を　つくづくと眺めていると，
　　少くとも　会計検査院の諸公でなければ，
　　請願審査院の御歴々の委員であったか，
　　そうでなければ，みな全て　担ぎ屋だった。
　　そういうことは　誰についても　俺は言い得る，
　　何故ならば，司教であろうと，提灯持ちであろうとも，
　　俺には　一向　髑髏の区別が付きかねるから。　（同，162節）

　　また　その髑髏の或るものは，生きていた時，
　　他のものに　鞠躬(きくきゅうじょ)如として頭を下げ，
　　幾つかの髑髏は　ほかの幾つかを支配していて，
　　怖れられ　また奉仕されていたのであるが，
　　今ここに　万事　一切　終了して，
　　ごたごたの一　塊(ひとかたまり)の山と積まれているのが見られる。
　　領主権も　もう彼等からは奪われて，
　　聖職者とも先生とも　誰一人として呼ばれていない。　（同，163節）

　このような肉体の死後の姿としての骸骨の描写は，エリナンの詩には見られない。逆に，ヴィヨンと同時代の絵画にお

ける「死の舞踏 danse macabre」のテーマは，別名「髑髏の舞」とも訳されるように，生者に対する死者は骸骨の姿で現わされている。(168 ページの図版参照) この点は，エリナンの詩とヴィヨンの詩の大きな差と言えるだろう。

(4) 死に備えよ

一般に死に際して，死ぬ前に罪障消滅を願って告解し，終油の秘跡を聖職者の手で行ってもらうことが理想とされ，それらの儀式を経ないで死んでしまうことは忌み嫌われた。いわば，突然死への恐怖である。エリナンにおいても，そのような詩句がみられる。

> 生活が乱れていると
> 魂が肉体を離れる前に訪れる死を
> 突然死とはよく言ったもの。　(27)

上に引用したヴィヨンの詩の 41 節最終行もそうである。
そこから，そのような突然死を避けるために，今のうちから死に備えるように，という趣旨の詩句が多くみられる。そのために，この世の価値基準の放棄を促していたり，ある種の達観が表現されている。

> この世の人のすることに何の意味があろう，
> 死があっという間にすべてをだめにするというのに，
> それは遊び半分ではなく，やり直しはきかない。
> 吝嗇が貯め込むものに何の価値があろう，
> 死があっという間にすべてを持ち去るというのに，　(28)

フランス中世文学にみる死の表現　　185

美が何になる，富が何になる
名誉が何になる，偉大さが何になる，
死が長雨も旱魃も
自由自在にもたらすというのに，
死は万能で，人が軽蔑するものも
尊敬するものも，自由自在に扱う。　(29)

死よ，お前は私を変身させる
この蒸し風呂の中で。わが肉体は，この世で
犯した恥辱の汗を沁み出さす。
　…..
自らの体を拭わない者は汚辱に濡れる。　(1)

お前は脅しによって大きな効果をあげている
なぜなら，お前を怖れる心が濾過器のように
魂をふるい分け純化するからである。　(4)

私はお前を本当に憎んでいる
だが，私がお前を送った先の者たちは憎くない
私が送ったのは彼らを慰めるためであり
彼らを追い掛けまわし
徹底的に降参させるあの虚栄を
彼らから遠くへ追っ払うためである。　(5)

われわれはみんな一緒に待っている
まずは死を，次いで審判を。
これら二つのことに対しては一つしか手がない，
それはできるだけ早く悔い改め
心が悲しんでいることがらすべてについて
完全に身を洗い浄めることである

死の前にそうしない者は
　　　後から後悔しても始まらない，
　　　神が仕返しをされるであろう，
　　　船が港から遠ざかる前に
　　　あらゆる試練に対して水漏れがないように
　　　安全に海に乗り出していけるようにしておかなければなら
　　　ない。　（49）

　死に備えるために，下のような備え方は俗人のそれだと言って退けられている。しかし逆に言えば，教会の教えに耳を傾けず，そのような考え方，死のとらえ方をする者，が多かった，ということになるだろう。

　　　しかし愚か者は問う「かまうものか
　　　死が何時われらを襲おうと，
　　　われらの手に入るものを手に入れよう。
　　　しかる後何が起ころうと
　　　死は戦いの終結であり
　　　魂も肉体も無に帰する」　（34）

　　　これこそ昔からある誤りで
　　　俗人の知恵というもの
　　　古代の哲学が生み出した
　　　唾棄すべき俚諺だ，
　　　神からその摂理を剥がし
　　　別の世などあるはずがないと言いはるのだ。
　　　この考えに従えば，禁欲に努める者より
　　　下らないことにうつつを抜かす者こそ
　　　最良の分け前を手にすると言う。
　　　しかし，この世以外の生が無いというなら

人間の魂と雌豚の魂に
何らの差がないということになる。　（35）

別の世がないというなら，そして
肉体が欲望を思いきり満たし
したいことをすればいいというなら，
人間は子豚同然に生きるがいい，
あらゆる罪は美しくて善いと言うのだから。　（36）

4　「死」に託して

（1）忠告

「死」に託して詩人のさまざまな思いが表明されている。それらを大別すれば，家族や親戚縁者，あるいは友人に，誠意をもって忠告している場合と，その人の日頃の生き方に批判的であったり義憤を感じている人々に対して，そのような感情を表明するために，「死」を借りて表現している場合とに分けることができよう。

「死」に託して忠告を表現するに際し，「死」が生命を奪う死そのものではなく，「死を予告するもの」「死に備えよ，と警告するもの」のごとくに扱われている場合もある。

　　わが友たちにお前からよろしくと
　　伝えよう，彼らに畏怖心を吹き込んでくれ。　（3）

　　死よ，死よ，わが友ベルナールによろしく
　　言ってくれ，後生だから，
　　彼のためにわが心は苦しみ嘆く。
　　彼に言ってくれ，卑怯だと，

最も美味しいところを一人占めにして
上下を反転させるとは。
どうして彼は来ないんだ，どうしてあそこに留まっているんだ。
神の一刻も早い救いを得たいのなら
どうしてそんなにぐずぐずしているんだ。
愚か者は水が流れ来るのを待ち続け
好機を見逃してしまう。
神が言われるだろう「もう遅過ぎる」と。　(7)

死よ，死よ，私に代わってルノーに伝えてくれ，
誰からも怖れられ，愛されている
天界を治めたもうお方の名代として
彼に言ってくれ，心の準備をするように
はずれることのない弓に出会う覚悟を,
傷つけられることもなく，皮を剥がれることもなく
海を渡らなければならないのは
苦い死の日だということを
その波は火に燃えている。
わが家が燃えるにまかせ
しまいには死が襲ってしまうのを傍観している
大工を私は阿呆と呼んでやろう。　(8)

死よ，伯父に言ってくれ，甥に言ってくれ
ごく僅かな荷物しか持たず
狭い穴をくぐらなければならないのだと。
だから賢者はすでに僅かしか所持していない
しかるに欲者は決して得ることはないだろう
何を持つべきかを知らないからである。
死よ，お前は教えてくれた

物のなかには何らの知恵もないということを
そこには狼の皮しかない。　(9)

私に代わってアンジェルヴィリエの人たちに言ってくれ
お前が針に糸を通し
彼らの袖を縫うのだと。　(10)

わが友たちに言ってくれ，すべての選ばれし者は
天国に彼らの寝床を得ると
それは苦痛と殉難に耐えながらである。　(11)

死よ，お前を友たちのもとに送ろう
敵陣へではなく
憎い者たちへではなく
私は神に祈る，(神は私の心に言われた
約束したものを返すようにと)
友たちを長生きさせてくれるように
生涯よき生を全うさせてくださいと。　(4)

死よ，わが名代としてボーヴェに行ってくれ
私が尊敬する司教様のもとへ
司教様も私を愛してくれている
彼に落ち度はないと伝えてくれ。
お前に降伏するのがいつのことか知らないのだ
命の皮を剥ぐことを思い
船を空にし
よき行いで船を飾るように，
急いで出かけるように伝えてくれ。
お前が彼の家の戸を叩いているのが聞こえているはずだ。
今にも司教の座から滑り落ち

すっからかんになる寸前だ。　(16)

(2) 日頃の義憤の吐露

　日頃の義憤を痛烈な皮肉を込めて表現している詩句として，下のようなものをあげることができるであろう。批判の鉾先が向けられるのは，恋や虚栄に溺れる者，横暴な権力によって民衆を苦しめる王侯，教会や修道院で権力を握っている高位聖職者などである。そのなかには，個人的な恨みに基づくものも紛れ込ませてあるのではないかと思われるものもある。

　　　死よ，恋の歌を歌っている人の所に行け，
　　　虚栄に溺れる者たちに
　　　教えてやれ，歌い方を，
　　　お前に先回りされないように
　　　お前を飼い馴らし
　　　世界の外に身を置く者たちが歌うように。　(2)

　　　死よ，角笛を吹き鳴らせ
　　　プロンルロワの上に，ペロンヌの上に
　　　ベルナールに真っ先に聞こえるように。
　　　神が贖金を遠ざけるように
　　　彼を遠ざけない限り
　　　彼こそ王冠に最も近い者。　(6)

　　　寒さや飢えに耐え忍んでいる者たちを
　　　苦しめる王子たちのもとに
　　　お前を送ってやりたい。　(12)

死よ，ローマで，ランスで次のように叫びたまえ
「みなの者，お前たちは，最高位の者も
最下位の者も，みんなわしの手中にあるのだ。
わしがお前たちの手綱を掴む前に
目をしっかり開け，帯で腰をしっかり締めつけろ，
『無念なり』と叫ばされる前にな。
本当だ，わしが全速力で走るのは，
そして勝ち目のさいころをお前の手から
するりと抜け落ちさせ，負け目にする。
ぬか喜びや大ほらは捨ておけ，
機転が利き健全な者はすでに
その布の下に抱かれている」　(15)

死よ，お前は権勢ある者を捕まえ
我らと同様に，世間から
ばかにされ，哀れな犬も同然の姿にしている。
ノワイヨンとオルレアンの
二人のわが司教に言ってくれ，
彼らには顔に書いてあるほどの
猶予はもはやないのだと
長い猶予もお前が短くしたのだ。
彼ら，お前の罠に気をつけんことを。
お前は眠っている者を床で襲い
富める者から喜びを奪い
美しいものも獣の糞にする。　(17)

死よ，お前は王も伯も
その歳月を短くし
誰にも遠く逃れることをできなくする
シャルトル，シャロン，ブロワに行き

わしの名代としてチボー一家の面々
ルイ，チボー，ロトルーに伝えてくれ。
死よ，お前は逃げようとする者を捕まえ
人がせっかく挽いたものを食べてしまう。
上に述べた三人のわが友に伝えてくれ，
司祭も神も，お前に捕まえられる前に
負債を支払ってない者には
罪障消滅を宣することができないのだ，と。　(18)

死よ，まだまだ先があると思い
期待に胸を膨らませて釣りをしている者に
お前は突然襲いかかる。
急いで行って，わしに代わって警告してやってくれ，
ロンバルディア人，イングランド人，フランス人の
高位聖職者の例外なく，
なぜ彼らは，公然と
神に刃向かう俗世の権力者たちに
さっさと正義の断を下さないのか。
彼らは懲らしめるための笏杖を，それに
知識の角も持っているではないか，
それでもって上記の者をこっぴどく打つべきだ。　(19)

　以下の第13節，14節においては，地口が用いられている。(ローマ，カルディナル) これらの技法も，批判的な言辞の文脈のなかで多くみられるものである。すでに紹介した「死」の擬人化によるアレゴリー，「死は」の繰り返しによる「反復」技法などと並んで，種々の修辞技法が多用されており，もっぱら教化を目ざす宗教的文書ではなく，純粋な文学作品としての本詩の特徴となっている。

私の名代として偉大なるローマに行ってくれ
ローマの名前の由来はかじるにある
何故なら，ローマは骨をかじり皮を剥がすからである
ローマは枢機卿や教皇の
聖物売買を隠す布の役割を果たしている
ローマはすべてを打ちのめす悪の権化であり
われらのために煤でローソクを作ってくれる
何故なら，ローマは教皇特使を星だと言うし
これほど黒いゴムに染まった町はない。　(13)

死よ，馬に鞍を置き
枢機卿たちを乗せよ
彼らは自分たちが宿している光で，
消えた燠が再び赤くなるように，明るく照らす。
彼らに言ってやれ，容赦はしないと
現世の宝物や地位に
アザミよりも強く執着する者らを，
彼らはだから，枢機卿と呼ばれるのだ
ローマは多くの贋金や
くず鉄や贋硬貨を使い
銀に鉛を混ぜる，
それで本物と偽物の区別がつかないのだ。　(14)

5　シトー派修道会に対する思い

　シトー派修道会は，1098年，フランス，ブルゴーニュ地方のシトーの地に創立され，発展し，12世紀には約1800の修道院を擁していた。清貧を特別に重んじ，クリュニー修道会が祈りや読書などの知的活動を重んじたのに対し，シトー

派では肉体労働が重視された。作者エリナンの属していたフロワモンの修道院でも同様だったと思われ，粗末な食事，過酷な難行・苦行の様子が，詩句に反映されている。また，快楽の誘惑に負けないために，自分を叱咤激励しているのか，同僚修道士への戒めか，あるいはその両方の意味が込められていると思えるような表現もみられる。いずれにしても，作者がシトー派修道会の修道士である本詩の独自性となっている。なお第38節ほかに出てくる「白修道院」「白修道士」というのはシトー派のことである。修道士の着ている服の色から，ベネディクト派が「黒修道院」「黒修道士」と呼ばれていたのと対比的にこう呼ばれていた。

　　死は，法や規則を遵守させる
　　死は，利息や利益をあきらめさせる
　　死は，過酷な人生を甘いものにする
　　死は，贅沢を怖れる修道院の奥で
　　じゃがいもをすりつぶした料理や豆に
　　鯨肉の風味をつける。　（32）

　　美徳をつんでも役に立たないと言うなら
　　神を怖れて肉欲を征服し
　　かくも苦い飲み物を飲んだ
　　あの隠者たちはどうなるのだろう。
　　最低の生活を選んだ者は
　　死の後はまったく解放される，
　　シトー派修道会の人たちのことである。　（36）

　　神のために世を捨て

魂を純潔素朴に保つため
肉体を律し
パンも捏ね粉もなく，貧困の生活を送る者に
神が安息をお与えにならないのなら，
神のためにあのようにつつましく
身を律し，神のもとに急いで行こうと
白修道院に身を埋める敬虔な人は
愚か者ということになる。
聖ローランは騙されたことになる，
彼は神のために鉄棒の上で焼かれ
自分の体で焼肉を献上したことになる。　(38)

すべての聖人がわれらに教えている，
彼らはみな神に身を捧げた者である，
神の言われることは偽りではなく
嘘でも作りごとでもない，と
また，死や永遠の生について
聖なる書物に書いてあることも。
彼らは信頼に値する証拠を示している，
肉欲に負けた者が行く所での
拷問は永続的である，と。
天の王侯や家臣は
大食卓に座っており
世俗の栄誉を遠ざける者が真の名誉を得る。　(39)

遊蕩よ去れ，邪淫よ消えろ！
そのような料理は要らない
豆とじゃがいもの裏ごしがあればいい。　(50)

おわりに

　「中世の春」とも称される 12 世紀後半（1195 年頃）に書かれた，エリナン・ド・フロワモンの『死の詩』にみられる死の表現を，死の描写，「死」に託しての作者の考えの表明，シトー派修道会に対する態度などを中心にみてきた。これにより，本詩の特徴を明らかにするとともに，このような詩が書かれ，読まれたという事実を通して，12 世紀後半における死のとらえ方の一例として読んできた。そこにみられる中世末期の死の表現との類似性，共通性には注目に値するものも含まれているのではなかろうか。と同時に，中世末期を代表するフランソワ・ヴィヨンの詩とは異なって，生者の対比としての死者の姿が骸骨の姿で描写されることはない点など，中世末期の死の表現との相違にも注意をはらう必要があるだろう。しかしいずれにしても，死をそのように描くことは，結果的に，その詩に接する読者に，自分の今生きている生活の様子を思い起こさせ，よりよき生，生の充実を目ざすように誘うものであり，そのような普遍性のなかにおける，エリナンの詩の特徴の一端を明らかにすることができたのではなかろうか。

参考文献

Poèmes de la mort de Turold à Villon, Choisis, présentés et traduits par Jean-Marcel PAQUETTE, Union générale d'édition (Coll. 10/18), 1979.

Le Lais Villon et les poèmes variés, édités par Jean RYCHNER et Albert HENRY, I Textes, II Commentaire, Genève (Droz), 1977.

Le Testament Villon, édité par Jean RYCHNER et Albert HENRY, I Textes, II Commentaire, Genève (Droz), 1974.

『ヴィヨン全詩集』鈴木信太郎訳, 岩波文庫, 1965.

木間瀬精三『死の舞踏—西欧における死の表現』, 中央公論社（中公新書), 1974.

水之江有一『死の舞踏—ヨーロッパ民衆文化の華』, 丸善（丸善ブックス), 1995.

藤代幸一『「死の舞踏」への旅』, 八坂書房, 2002.

竹下節子『ヨーロッパの死者の書』, 筑摩書房（ちくま新書), 1995.

堀越孝一『騎士道の夢・死の日常—中世の秋を読む』, 人文書院, 1987.

あとがき

　今回のテーマは「中世ヨーロッパにおける死と生」である。昨年 11 月にシンポジウムの開催を計画し，春先から月例の研究会を重ねた。例会のテーマは「中世ヨーロッパにおける生と死」であった。同じ題でシンポジウムを行ったけれども，結果として研究発表は，「死」に重心をおいたものが多かった。

　そこで「生と死」を「死と生」に置き換えることにして，シンポジウムでの発表原稿にさらに手を加え，論集をまとめることになった。この新たな成果にもとづいて，今秋 9 月から 10 月にかけて，タイトルを「死と生」に改めた市民講座（広島大学公開講座）を 6 人で担当する予定を立てている。

　死も生も重いテーマである。しかし論調が，ともすれば生命の躍動にではなく，死の重圧のほうにより大きな関心をもっているように思わせるのは，われわれが時代の閉塞感に押し拉がれていることの現れであろうか。とはいえ，活路を模索する糸口まで失ってしまったわけでは無論ない。

2006 年 9 月

水田　英実
山代　宏道
中尾　佳行
地村　彰之
四反田　想
原野　　昇

Death and Life in Medieval Europe
CONTENTS

Preface	1
Life and Death in Medieval England: Saint, Cure and Salvation ············ *Yamashiro Hiromichi* ···	9
The Raising of Lazarus in the Gospel according to John with an Exposition of Thomas Aquinas ············ *Mizuta Hidemi* ···	41
Life and Death in The Prioress's Tale: A Child Martyrdom and His Expression through Senses ············ *Yoshiyuki Nakao* ···	69
Death and Life in Chaucer's *The Book of the Duchess*: With Special Reference to "herte" ············ *Akiyuki Jimura* ···	109
Death and Life in the Medieval German Tristan Epic ············ *So Shitanda* ···	141
Representation of Death in Medieval French Literature: *Les vers de la mort* of Hélinan de Froidmont ············ *Harano Noboru* ···	167
Postscript	199
Contents	201
Contributors	202

著者紹介

水田 英実 1946 年生
京都大学大学院文学研究科博士課程単位取得退学, 博士 (文学)
広島大学大学院文学研究科教授
トマス・アクィナス『知性の単一性について―アヴェロエス主義者たちに対する論駁』(中世思想原典集成 14) 平凡社, 1993;『トマス・アクィナスの知性論』創文社, 1998; "Reconsideration of Humanity in the Problem Area of Groups and the Human Being"『総合人間学研究』4, 2005.

山代 宏道 1946 年生
広島大学大学院文学研究科博士課程単位取得退学, 博士 (文学)
広島大学大学院文学研究科教授
『ノルマン征服と中世イングランド教会』1996, 溪水社;『危機をめぐる歴史学―西洋史の事例研究―』(編著) 刀水書房, 2002;「中世ヨーロッパの旅―騎士と巡礼―」『中世ヨーロッパの時空間移動』溪水社, 2004;「中世イングランドの「グローバリゼーション」―教会改革運動とノリッジ―」『西洋史学報』32, 2005.

中尾 佳行 1950 年生
広島大学大学院博士課程後期単位取得退学, 博士 (比較社会文化)
広島大学大学院教育学研究科教授
A New Concordance to 'The Canterbury Tales' Based on Blake's Text Edited from the Hengwrt Manuscript (共編著) 大学教育出版, 1994; "A Semantic Note on the Middle English Phrase As He/She That." *NOWELE* 25, Denmark, 1995; "The Semantics of Chaucer's Moot/Moste and Shal/Sholde." *English Corpus Linguistics in Japan*, Amsterdam-New York: Rodopi, 2002;『Chaucer の曖昧性の構造』松柏社, 2004.

地村 彰之 1952 年生
広島大学大学院文学研究科博士課程後期中退, 博士 (文学)
広島大学大学院文学研究科教授
"An Introduction to a Textual Comparison of *Troilus and Criseyde*", *Essays on Old, Middle, Modern English and Old Icelandic*, New York: The Edwin Mellen Press, 2000; *A Comprehensive Textual Comparison of Chaucer's Dream Poetry* (共編著) 大学教育出版, 2002; *Studies in Chaucer's Words and his Narratives*, 溪水社, 2005.

四反田 想 1956 年生
広島大学大学院文学研究科博士課程単位取得退学, 文学修士
広島大学大学院文学研究科助教授
『ドイツ中世博物誌・世界年代記の異類像』溪水社, 1998; *The Niebelungen Encyclopedia* (共著) New York: Garland Publishing, 2000.

原野 昇 1943 年生
広島大学大学院文学研究科博士課程中退, パリ大学文学博士 (DL)
放送大学客員教授, 広島大学名誉教授
ピエール=イヴ・バデル著『フランス中世の文学生活』白水社, 1993; ジャック・リバール著『中世の象徴と文学』青山社, 2000;『狐物語』(共訳) 岩波文庫, 2002;『フランス中世の文学』広島大学出版会, 2005; *Le Roman de Renart*, Paris, Livre de Poche (共著), 2005.

著 者

水田　英実（みずた　ひでみ）
山代　宏道（やましろ　ひろみち）
中尾　佳行（なかお　よしゆき）
地村　彰之（ぢむら　あきゆき）
四反田　想（したんだ　そう）
原野　昇（はらの　のぼる）

中世ヨーロッパにおける死と生

平成18年9月10日　発行

著　者　水田　英実
　　　　山代　宏道
　　　　中尾　佳行
　　　　地村　彰之
　　　　四反田　想
　　　　原野　昇

発行所　株式会社　溪水社
　　　　広島市中区小町1-4（〒730-0041）
　　　　電　話　(082) 246-7909
　　　　ＦＡＸ　(082) 246-7876
　　　　E-mail: info@keisui.co.jp

ISBN4-87440-941-5 C3022